KiWi
PAPERBACK
1105

Das Buch

Wir befinden uns im Jahr 2009. Ganz Deutschland wird von Energieverschwendern bewohnt. Ganz Deutschland? Nein. Eine kleine süddeutsche Stadt und ihr grüner Oberbürgermeister haben angefangen, das Klima zu schützen.

Im Jahr 2006 gab es in Tübingen eine kleine Sensation: Bereits im ersten Wahlgang setzte sich der 34-jährige grüne OB-Kandidat Boris Palmer gegen die Amtsinhaberin durch. Und zwar mit einem dezidiert grünen Programm – das von der Abschaffung des Dienst-Daimlers zugunsten eines umweltfreundlichen Toyota Prius (und das im Ländle!) bis zur Initiierung einer Kampagne zum Klimaschutz reicht (»Eine Stadt macht blau«), die sich zu einer breiten Bürgerbewegung entwickelt hat. Boris Palmer zeigt, dass die wichtigste politische Aufgabe unserer Zeit, der Klimaschutz, an erster Stelle in den Städten und Gemeinden gelöst werden kann: Dort, wo sich die Menschen kennen und auskennen, können sie schnell und effektiv die Umwelt schützen. Weil in Tübingen bürgerschaftliches Engagement und Politik so erfolgreich ineinandergreifen, dass CO_2-Ausstoß und Energiekosten sinken, ist die Stadt am Neckar in kurzer Zeit zu einem Modell geworden: Die Bürger sparen Geld, der Zusammenhalt in der Stadt wächst und die Lebensqualität steigt.

In seinem schwungvollen Buch schildert Boris Palmer, welche Überzeugungen seiner Politik zugrunde liegen, erklärt das Tübinger Modell – die Ideen, die Kontroversen, die Bündnispartner, die Erfolge – und sagt, wie die grüne Politik der Zukunft aussehen muss – und mit wem sie umgesetzt werden kann.

Der Autor

Boris Palmer, geb. 1972, studierte Geschichte und Mathematik in Tübingen und Sydney. 1996 trat er den Grünen bei und wurde Mitglied im Kreisvorstand Tübingen der Partei. 2001 wurde er in den baden-württembergischen Landtag gewählt, dort war er umwelt- und verkehrspolitischer Sprecher, nach seiner Wiederwahl 2006 auch stellvertretender Fraktionsvorsitzender. Nachdem er im Oktober 2006 zum Oberbürgermeister der Universitätsstadt Tübingen gewählt wurde, schied er 2007 aus dem Landtag aus.

Boris Palmer

Eine Stadt macht blau

Politik im Klimawandel – das Tübinger Modell

Kiepenheuer & Witsch

Frau Soraya und Pauline
und die Kinder des 21. Jahrhunderts

1. Auflage 2009

Umschlaggestaltung: Barbara Thoben, Köln
Umschlagmotiv: © Universitätsstadt Tübingen
Gesetzt aus der ITC Galliard und der Frutiger
Satz: Buch-Werkstatt GmbH, Bad Aibling
Druck und Bindung: CPI – Clausen & Bosse, Leck
ISBN 978-3-462-04113-2

Inhalt

Warum Grün blaumacht

Binsenweisheiten können bisweilen ganz schön nerven, denn die Weisheiten, die darin zweifellos vorhanden sind, verflüchtigen sich beim Publikum durch ihre endlose Wiederholung in leer gedroschenes Stroh. Dennoch gehören sie unverzichtbar zu unserem Wortschatz. Eine der ältesten Binsenweisheiten der Umweltbewegung lautet nun: »Global denken, lokal handeln«. Und wenn man aus einer solch betagten Binse heute noch ein spannendes Buch machen kann, dann muss der Autor über große Kenntnisse und eine noch größere Leidenschaft für die Sache verfügen. Genau dies trifft auf das vorliegende Buch und auf dessen Autor, Boris Palmer, zu.

Boris Palmer begann seine öffentliche Karriere als Umweltreferent im ASTA der Universität Tübingen, wurde dann für Die Grünen Abgeordneter im Stuttgarter Landtag und schließlich im Oktober 2006 im ersten Wahlgang zum Oberbürgermeister der Universitätsstadt Tübingen gewählt. Und genau in dieser Funktion versucht er nun, Klimaschutz konkret zu denken und – wichtiger noch – zu machen, d. h. in einzelnen konkreten Schritten auf kommunaler Ebene umzusetzen.

Der Klimaschutz ist zweifellos die größte globale Herausforderung unserer Zeit, ja wahrscheinlich die zentrale Krise der Globalisierung, die das Jahrhundert definieren wird. Zu Zeiten des Club of Rome und seines Berichts über die Grenzen des Wachstums aus dem Jahr 1972 umfasste die Weltwirtschaft gerade einmal 800 Millionen bis 1 Milliarde Menschen, die überwiegend in den reichen Industrieländern des Westens lebten. Die Welt war zudem dreigeteilt in Ost und West und in den armen Süden. Zwanzig Jahre nach dem Fall der Mauer und dem Ende des Kalten Krieges leben 6,7 Milliarden Menschen auf der Erde, und die Weltwirtschaft schließt heute 3 Milliarden Menschen ein, Tendenz steigend. Es gibt zudem keine Systemalternativen mehr, wie noch zu Zeiten des Kalten Krieges, und die neuen Kommunikationstechnologien verbreiten die Träume von Wohlstand und Konsum bis in die hintersten Winkel des Globus.

Zur Mitte des Jahrhunderts werden 9 Milliarden Menschen auf der Erde leben, die dann wohl alle mehr oder weniger in dieselbe Richtung streben, d.h. alles tun werden, um mittels Wirtschaftswachstum den Lebensstandard der reichen Industriestaaten des Nordens zu erreichen. Niemand wird sie dabei aufhalten können. Unter dem Gesichtspunkt der Überwindung von Armut und Unterentwicklung wird dies zweifellos einen großen Fortschritt bedeuten, denn schon heute gehen die Fortschritte bei der globalen Armutsbekämpfung ganz wesentlich auf das wirtschaftliche Wachstum in China und Indien mit ihren jeweils 1,2 Milliarden Menschen zurück.

Diese Entwicklung bringt jedoch unbeabsichtigt gigantische ökologische Folgewirkungen mit sich, welche die Lebensgrundlagen auf der Erde massiv und für die Menschen negativ zu verändern drohen. Denn wenn die Mehrheit der Menschheit innerhalb der nächsten zwei Jahrzehnte denselben Energie-, Rohstoff-, Land- und Wasserverbrauch anstreben wird, wie dies schon heute für die reichen Länder gilt, dann wird diese Entwicklung ökologisch schlicht nicht verkraftbar sein. Der Klimawandel ist dabei lediglich die bereits heute sichtbare Spitze jenes ökologischen Eisberges, auf den wir uns mit voller Kraft zubewegen.

Sollen die Armen deswegen arm bleiben, damit die globale Umwelt nicht gefährdet oder gar zerstört wird? Eine absurde, zutiefst amoralische, weil dem Gleichheitsgrundsatz widersprechende Position, die zudem in der Wirklichkeit niemals funktionieren wird. Es wird sich kein Argument finden lassen, warum die Menschen der armen Länder nicht denselben Anspruch, ja dasselbe Recht auf Wohlstand, soziale Sicherheit und individuelle Freiheit haben wie die Menschen in den reichen Ländern. Darüber hinaus werden die Folgen der globalen und regionalen Umweltkrisen nur noch äußerst kurzfristig einen Unterschied zwischen Reich und Arm machen, denn kippen die natürlichen Lebensgrundlagen global erst einmal um, dann wird sich diese gesellschaftliche Differenz sehr schnell als nichtig erweisen. Auf diesen Befund kann es daher nur eine Antwort geben, nämlich eine gemeinsame, globale: Verantwortung und Gerechtigkeit. Gemeinsame Verantwortung für die eine Umwelt und Gerechtigkeit bei der globalen Verteilung von Ressourcen und Lebenschancen.

Versucht man jedoch, diese Erkenntnisse in Politik umzusetzen, dann stößt man sofort auf ein fundamentales Problem von uns Menschen. Wir sind in unserer Interessenwahrnehmung nach wie vor überwiegend auf schwarze Pädagogik ausgerichtet – tut weh, tut nicht weh – und auf sehr kurze Zeiträume. Beispiel Atomenergie: Da wir kein Sensorium für Radioaktivität haben, obwohl sie an Gefährlichkeit die meisten anderen Emissionen um Faktoren übersteigt, kann diese gefährliche Energie dennoch als »sauber« an den Mann und an die Frau gebracht werden. Und die Zeiträume eines nuklearen Waste Managements von mehreren Hunderttausend Jahren überfordern schlicht unser Vorstellungsvermögen. Und so wird aus »extrem gefährlich« für viele Zeitgenossen eben »sauber«!

Eine komplexe, langfristige Interessensteuerung ist unsere Sache als Menschen nicht wirklich, sondern sie bedarf eines großen intellektuellen Abstraktionsvermögens – und exakt darin liegt das politische Kernproblem aller Umweltpolitik. Die Komplexität des globalen Ökosystems und die extrem langen, das menschliche Vorstellungsvermögen übersteigenden Bremswege der Natur stehen in einem massiven Widerspruch zur Kurzfristigkeit unserer Triebstruktur und damit auch unserer Alltagsinteressen und schließlich des politischen Handelns.

Und damit sind wir wieder bei der bereits erwähnten ökologischen Binse angelangt, denn einerseits sind wirksame Klimaschutzstrategien nur möglich, wenn die wichtigsten wirtschaftlichen und gesellschaftlichen Verursacher gemeinsam und abgestimmt auf globaler Ebene handeln. Darin liegt etwa die Bedeutung des Kyoto-Protokolls und großer Klimaschutzkonferenzen und -konventionen. Und andererseits bedarf es deren entschlossener Umsetzung auf der nationalen, ja lokalen Ebene.

Dass die Wahrheit immer konkret ist, gilt auch und gerade für den Klimaschutz. Und konkret heißt in diesem Fall, man muss am Alltag der Menschen und damit in der Stadt und Gemeinde ansetzen. Was also hat die Einführung von Nachtbussen in der verträumten Universitätsstadt Tübingen – übrigens eine Leistung des ASTA-Umweltreferenten und nicht des OB! – mit dem Erreichen der globalen Klimaschutzziele zu tun? Wenig und doch sehr viel, denn insgesamt ist dieser Schritt gewiss nur ein minimaler Beitrag, aber wenn dieselbe Maßnahme in möglichst vielen (potenziell allen!) Kommunen und Regionen unseres Landes durchgesetzt wird, dann ist die Wirkung von einer gewichtigen Größenordnung. Und damit sind wir schon wieder bei einer weiteren Binse, die, dem Gesetz der großen Zahl folgend, vor allem für die Umweltpolitik gilt: »Kleinvieh macht auch Mist« – in ökologischen Fragen sogar den größten! Und genau davon handelt das vorliegende Buch, von Klimaschutz in Stadt und Gemeinde.

»Tübingen macht blau« hat Boris Palmer seine kommunale Klimaschutzstrategie genannt, und d.h., seine Stadt unter Klimaschutzgesichtspunkten umfassend zu überprüfen und dann die entsprechenden Alternativen in Politik und Gesellschaft auf breiter, am besten überparteilicher Grundlage umzusetzen, getragen von einer »Bürgerbewegung für Klimaschutz«. Dem liegt die Erkenntnis zugrunde, dass Klimaschutz unten, in der Kommune, auch von unten getragen und gemacht werden muss, nämlich von den Bürgern. Bei seinem politischen Ansatz helfen unserem OB zweifellos eine intime Kenntnis der ökologischen Sach- und Rechtslage und seine Liebe zum Detail.

Im berühmt-berüchtigten »Tübinger Dienstwagenstreit« etwa – der neu gewählte grüne Oberbürgermeister im Land des Daimlers entschied sich nach sorgfältiger ökologischer Prüfung aller Alternativen auf dem deutschen Automarkt für ein japanisches Auto mit Hybridantrieb, was alle schwäbischen PS-Patrioten aufschreien ließ, als ob sie vom politischen Kolbenfresser heimgesucht worden wären – wird dabei nicht nur den Herstellerangaben vertraut, sondern der OB misst da persönlich an der Tankstelle nach, getreu seiner Devise: »Nur an der Tankstelle erschließt sich der Spritverbrauch.« Merke: Traue niemals nur den Angaben des Herstellers, denn Papier ist geduldig.

Boris Palmer verfolgt ein bewährtes grünes Erfolgsrezept: unerschütterliche Leidenschaft für die Sache und kluger Pragmatismus in der Umsetzung. Es ist leicht, im luftigen Nichts von Programmen, Gutachten und Prinzipien das Blaue vom Himmel herunter zu fordern, unglaublich schwer hingegen, den Himmel im übertragenen Sinne des Klimaschutzes wirklich blau zu machen.

Allerdings vertragen sich gerade die Klimaschutzpolitik im Besonderen und die Umweltpolitik im Allgemeinen nur schwer mit einer Oppositionsstrategie, wenn man mit guten Gründen zu Recht laut beklagt, dass es bereits heute

»Fünf vor zwölf« oder vielleicht sogar noch später wäre. Gerade Ökologen, die ihr Anliegen ernst nehmen, sind aus der Sache heraus zwingend dazu verpflichtet, demokratische Regierungsmacht anzustreben und politische und gesellschaftliche Mehrheiten zu schaffen, um hier und heute wirksam handeln zu können. Traditionelle ideologische Berührungsängste im demokratischen Parteienspektrum oder der Zwang zu pragmatischen Umwegen dürfen dabei kein Hindernisgrund sein, solange die Richtung stimmt

und man auf dem Weg der ökologischen Erneuerung vorankommt.

Boris Palmer hat als OB sehr rasch seine Erfahrungen machen dürfen mit dem Widerspruch zwischen reiner ökologischer Lehre und pragmatischem Kompromiss, und er hat sich dabei, immer sorgfältig entlang der Sache und den unterschiedlichen praktischen Optionen argumentierend, für die beste der machbaren Optionen zugunsten des Klimaschutzes entschieden. Ein echter grüner Realo eben! Ob es dabei im Kleinen um den bisher nicht wirklich gelösten Interessenkonflikt zwischen Denkmalschutz und energetischer Altbausanierung geht oder um die zentrale Frage der zukünftigen Energiepolitik, unser OB bleibt uns dabei keine klare Antwort schuldig.

Neben der Frage der Energieart – nuklear, fossil, erneuerbar – ist die Frage der Energieeffizienz die zweite große Frage eines wirksamen Klimaschutzes. Bei den Grünen gibt es erstens einen umfassenden Konsens, dass Klimaschutz ohne Umstieg auf die erneuerbaren Energieträger und Energiesparen nicht funktionieren wird. Und zweitens, dass dafür ebenfalls eine optimale Energieeffizienz unverzichtbar ist. Dies setzt aber eine möglichst dezentrale Energieerzeugung mit hohem Wirkungsgrad voraus, bei der in Deutschland unabhängige Stadtwerke als Produzenten und nicht nur als Verteiler eine wichtige Rolle spielen müssen. Die Stadtwerke haben wegen der falschen

Regulierung des Strommarktes derzeit gegen die großen Stromkonzerne kaum Chancen, wenn sie nicht selbst Großkraftwerke betreiben. Deshalb haben sich unabhängige Stadtwerke zu Stromhandelsgesellschaften und auch Kraftwerksbeteiligungsgesellschaften zusammengetan. Nur so können sie der Marktmacht der großen vier in Deutschland trotzen und vor Ort in Klimaschutz investieren.

Was macht nun unter diesen Bedingungen ein grüner Oberbürgermeister, wenn lokale Grüne, unterstützt vom energiepolitischen Sprecher der grünen Bundestagsfraktion, an einem Standort den Neubau eines GuD-Gaskraftwerks mit fast 60 % Wirkungsgrad verhindern, an dem sich seine Stadtwerke beteiligen wollten? Es blieb nur die Beteiligung an einem neu zu bauenden Kohlekraftwerk an der Küste mit 48 % Wirkungsgrad, klimaschutzpolitischer und ökonomischer Nutzen dabei alles andere als garantiert. Ganz auf ein Großkraftwerk verzichten und damit die ökonomische Zukunft des Stadtwerks riskieren? Oder das Abweichen von der reinen Lehre akzeptieren, um an anderer Stelle mehr in Klimaschutz investieren zu können?

»Am Ende entschied ich mich für die Tatsachen«, beschreibt Boris Palmer diesen Konflikt. »Und in der vorhandenen Wirklichkeit bewirkt ein maßvoller Neubau von Kohlekraftwerken weniger CO_2-Ausstoß als der Weiterbetrieb ineffizienter Altanlagen; das Verschwinden selbstständiger Stadtwerke weniger und nicht mehr Klimaschutz.« Die Hamburger Grünen gerieten mit ihrer Regierungsbeteiligung im Stadtstaat sogar in eine noch schlimmere Zwangslage: Die grüne Umweltsenatorin musste das Kohlekraftwerk Moorburg genehmigen. Und die grüne Bundespartei? Sie kämpft weiter tapfer gegen jeden Neubau von Kohlekraftwerken. Aus hehren Motiven. Je weniger Kohlekraftwerke gebaut werden müssen, umso besser für das Klima. Aber die Partei läuft damit in eine Glaubwürdigkeitsfalle. Denn einen Koalitionsvertrag, der den Atomausstieg mit dem Kohleausstieg kombiniert, werden weder Frank-Walter Steinmeier noch Angela Merkel unterschreiben.

Ein solcher offensichtlicher Widerspruch zwischen Oppositionsrhetorik und Regierungshandeln ist Boris Palmers Sache nicht. Und er hat die Erfahrung auf seiner Seite. Als unsere Partei in der rot-grünen Bundesregierung unter Umweltminister Trittin den Atomausstieg beschlossen hatte, da galt er in Teilen der grünen Partei und der Öffentlichkeit und vor allem in der Anti-Atom-Bewegung als schlichter »Verrat«. Heute hingegen wird er von denselben Leuten – ganz zu Recht übrigens! – wie eine Monstranz an Fronleichnam vorneweg getragen, wenn es um Atomausstieg oder Wiedereinstieg in die Atomenergie geht.

Und da aller guter Dinge drei sind, sei hier zum letzten Mal auf eine Binsenweisheit Bezug genommen: »Die beste Oppositionspolitik ist diejenige, die man als Regierung umsetzen kann.« Warum? Weil sie glaubwürdig ist und, besser noch, die Wählerinnen und Wähler dies nicht nur realisieren, sondern es sie zudem noch überzeugt. So etwas kann man ruhig auch eine »nachhaltige« Politik nennen und der Partei der Nachhaltigkeit stünde dieses Prädikat nicht schlecht an. Insofern ist der Tübinger OB mit diesem Buch wie auch mit seiner Politik auf dem richtigen Kurs. Unsereins wünscht sich wesentlich mehr von einem solchen grünen Realismus.

Joschka Fischer

1 Das Wetter von morgen

1.1 Global denken, lokal handeln

Vielleicht sind Sie im Jahr 1972 geboren? Dann waren Sie zum Zeitpunkt Ihrer Geburt einer von knapp vier Milliarden Menschen auf dieser Welt. Falls Sie im Jahr 2000 ein Kind bekommen haben, teilte dieses sich die Erde bereits mit sechs Milliarden Menschen. Und schon zu Ihrem 40. Geburtstag im Jahr 2012 wird die Menschheit die Grenze von sieben Milliarden Köpfen überschreiten. Am Ende Ihres Lebens, zur Mitte des 21. Jahrhunderts, werden Sie voraussichtlich neun Milliarden Mitmenschen haben. Man kann grob abschätzen, dass dann fast jeder Zehnte jemals geborene Mensch noch am Leben ist. Eine atemberaubende Wachstumsgeschichte.

Alle diese Menschen benötigen nicht nur sauberes Trinkwasser und Nahrungsmittel, obwohl es leider viel zu vielen selbst daran fehlt. Wir haben eine Zivilisation entwickelt, die glücklicherweise ein Leben in nie zuvor gekanntem Wohlstand gestattet: mit Haus, Heizung, Kühlschrank, Fernseher, Auto, Urlaub und Theater. Die Kehrseite der Medaille ist bislang ein stetig wachsender Anspruch an die Ressourcenbasis und das Ökosystem. Wir werden also nicht nur immer mehr, wir strapazieren die Erde auch immer stärker. Und wenn wir ehrlich sind, wissen wir, dass das nicht mehr lange gut gehen kann. Der Klimawandel ist keine düstere Prognose mehr, sondern bedrohliche Realität.

Wie soll man mit solch einer Herausforderung umgehen? »Nach mir die Sintflut«, denkt wohl mancher Zeitgenosse und könnte damit wörtlich recht behalten. »Globale Probleme brauchen globale Lösungen«, sagen andere. Sollen sich also die Regierungen der Welt darum kümmern. »Global denken, lokal handeln« ist noch immer der Leitsatz, der mich am meisten überzeugt. Dieses Buch handelt davon, wie ein Aufbruch zu einer lokalen Klimaschutzpolitik gestaltet werden kann.

Seit meiner Wahl zum Oberbürgermeister der württembergischen Universitätsstadt Tübingen im Oktober 2006 versuche ich, alle vor Ort zur Verfügung stehenden Möglichkeiten für Klimaschutz zu nutzen. Die städtische Wohnungsbaugesellschaft verdreifacht die Anstrengungen zur Sanierung ihrer Gebäude. Die Stadtwerke investieren in neue Wasserkraftanlagen und Blockheizkraftwerke. Die Stadtverwaltung gestaltet klimafreundliche Stadtteile und modernisiert öffentliche Gebäude. Die städtischen Bediensteten belegen Kurse für energiesparendes Fahren und schalten ihre Elektrogeräte richtig ab, wenn sie das Büro verlassen. Und der Oberbürgermeister ist von Mercedes auf Smart und Fahrrad umgestiegen.

Wir haben uns vorgenommen, 70% der CO_2-Emissionen Tübingens bis zum Jahr 2020 aus eigener Kraft einzusparen. Die Kampagne, die alle Bürgerinnen und Bürger dazu animieren soll, trägt den Titel »Tübingen macht blau«. Blaumachen heißt für uns jetzt also, etwas für den blauen Himmel über Tübingen zu tun. Und wir kommen damit gut voran. Die Zahl der Haushalte, die sich für einen Ökostromtarif entschieden, hat sich vervierfacht. Tübingen ist einer der Spitzenreiter bei umweltfreundlicher Mobilität in Deutschland. Wir tauschen energiefressende Heizungspumpen und Kühlschränke aus, schaffen die Glühbirne schon vor dem offiziellen Verbot ab und kaufen regionale Bioprodukte. Wir wollen zeigen, wie man das Klima schützt und zugleich ein gutes Leben führt. Wer Ideen und Beispiele dafür sucht, wird in Tübingen und in diesem Buch fündig.

Sicherlich: Niemand kann allein die Welt retten. Aber wir alle können einen relevanten Beitrag dazu leisten, das Klima zu stabilisieren. Klimaschutz aus individueller Verantwortung wird nicht weniger wirksam sein als Verordnungen und Regierungskonferenzen. Am meisten werden wir erreichen, wenn wir uns in überschaubaren Einheiten zu gemeinsamem Handeln motivieren. Das gelingt am leichtesten in den Kommunen, den Keimzellen der Demokratie. Wenn viele Städte und Gemeinden gemeinsam den Übergang zu einer kohlenstoffarmen Gesellschaft in Angriff nehmen, wird das ganze Nationen bewegen. Wir können unser Leben selbst in die Hand nehmen und so verändern, dass auch künftigen Generationen die Chance auf Wohlstand und Glück erhalten bleibt.

1.2 Haben wir ein Problem?

Der Gedanke, dass unbegrenztes Wachstum in einer begrenzten Welt ein Problem sein könnte, ist eigentlich so naheliegend, dass es einigermaßen verblüffend ist, wie wenig die Menschheit sich darum geschert hat. Gewiss, der Engländer Thomas Malthus hat schon 1798 die Befürchtung formuliert, der Ackerboden könne das Wachstum der Weltbevölkerung – damals erst eine Milliarde Menschen – nicht auf Dauer tragen. Aber das war nur eine philosophische Randerscheinung, die von der stürmischen Entwicklung der industriellen Revolution und ihrem Fortschrittsglauben weggespült wurde. Mit Technik und Erfindungsgeist schien der Mensch jede Grenze überwinden zu können.

Wirklich bewusst wurde der Öffentlichkeit das Problem erst mit dem Bericht des Club of Rome über die Grenzen des Wachstums, der im Jahr 1972 erschien, das zufällig auch mein Geburtsjahr ist. Heute wissen wir, dass die damals mit den ersten Computern angestellten Berechnungen fast allesamt falsch waren. Keine der Voraussagen ist exakt so eingetroffen, wie sie damals formuliert wurde. Auch jene Rohstoffe, die nach den Prognosen des Club of Rome bereits erschöpft sein müssten, sind heute und auf absehbare Zeit verfügbar. Der Kollaps der Weltwirtschaft und des globalen Ökosystems aufgrund einer Überschreitung der Tragekapazität der Erde ist nicht eingetreten. Die Welt hält mehr aus als befürchtet.

Leider haben wir die Zeit, die uns dadurch geschenkt wurde, nicht genutzt. Global betrachtet sind Umweltzerstörung und Ressourcenverbrauch jedes Jahr auf neue Spitzenwerte gestiegen. Wir testen die Schwachstellen des Ökosystems Erde aus und sind möglicherweise schon über die Grenzen des Wachstums hinausgegangen. Dennis Meadows, einer der Autoren der »Grenzen des Wachstums«, glaubt deswegen, dass die Menschheit die Chance zu rechtzeitigem Eingreifen bereits verpasst hat. Der nicht mehr zu kontrollierende Raubbau an der Natur durch exzessives Wachstum von Rohstoffentnahme und Deponierung von Schadstoffen in der Biosphäre werde zum Ende des Jahrhunderts einen dramatischen Zusammenbruch unserer Zivilisation bewirken. Im Meer findet diese Katastrophe bereits statt: Der Fischfang geht weltweit zurück, weil die Meere überfischt sind und die Bestände kollabieren.

Man muss die Zukunft nicht ganz so düster sehen wie Dennis Meadows. Dessen skeptische Prognose ist auch von der Erfahrung geprägt, fast vier Jahrzehnte vergeblich vor einer Katastrophe zu warnen. Dass die Menschheit die Grenzen des Wachstums an einigen Punkten bereits überschritten hat, ist aber kaum noch zu bezweifeln. Am deutlichsten ist es daran zu erkennen, dass die Aufnahmefähigkeit der Atmosphäre für das Treibhausgas Kohlendioxid überschritten ist. Eisbohrungen in der Antarktis belegen, dass wir in nur 150 Jahren den Anteil dieses Gases so weit nach oben getrieben haben, dass er jeden Spitzenwert der vergangenen 650 000 Jahre übertrifft.

Im Jahr 1972, kurz nach Beginn der regelmäßigen Messungen auf Hawaii, lag der Anteil von Kohlendioxid in der Atmosphäre noch bei 0,032 %. Mittlerweile ist er auf 0,038 % gestiegen. Kleine Ursache, große Wirkung. Der Weltklimarat, in dem die international führenden Wissenschaftler den Stand der Erkenntnisse bewerten und zusammenfassen, warnt uns in seinem 2007 erschienenen vierten Report vor einer drastischen Veränderung des Klimas im Laufe dieses Jahrhunderts. Extremwetterlagen, Stürme, Dürren, Hochwasser und im äußersten Fall ein Anstieg des Meeresspiegels bedrohen die Lebensbedingungen von Milliarden von Menschen. Die Warnungen der Wissenschaft gipfeln in der Aussage, wir hätten vielleicht noch zwei Jahrzehnte Zeit, um das Schlimmste zu verhindern. Wenn sie damit recht haben, wäre es wenigstens noch nicht zu spät, wie Dennis Meadows glaubt.

Grundlegend neu sind diese Erkenntnisse eigentlich nicht. Die meisten Wissenschaftler haben die These, dass der Klimawandel von Menschen gemacht ist und eine dramatische Gefahr für die menschliche Zivilisation darstellt, schon vor 20 Jahren vertreten. Bereits in seinem ersten Bericht aus dem Jahr 1990 zeigte sich der Weltklimarat »sicher«, dass die Menschheit die Treibhausgaskonzentrationen wesentlich erhöht und damit bereits eine Erwärmung der Atmosphäre um 0,3 bis 0,6 Grad bewirkt hat. »Zuverlässig«, so schrieben die Wissenschaftler, könne man berechnen, dass Kohlendioxid für mehr als die Hälfte des Treibhauseffekts verantwortlich sei und die Emissionen aus menschlichen Aktivitäten um 60 % gesenkt werden müssten, damit die Konzentration dieses Gases in der Atmosphäre auf dem Niveau des Jahres 1990 stabil bleibt.

Leider haben bedeutende Akteure aus der Politik und vor allem aus der Wirtschaft einen anderen Satz aus dem

Bericht für wesentlich gehalten. Nämlich den Hinweis, dass die Datenlage noch nicht ausreiche, um mit wissenschaftlicher Sicherheit ausschließen zu können, dass die bis dahin beobachtete Erwärmung der Erde die Folge einer natürlichen Klimaschwankung sei. Das bezog sich aber nur auf den Nachweis der bereits messbaren Effekte und war Ausdruck wissenschaftlicher Präzision, nicht von Unsicherheit. Zweifel an einer künftigen Erwärmung der Erde durch weiter wachsende Treibhausgasemissionen hatte die Wissenschaft schon im Jahr 1990 nicht mehr.

Der in der Tat enorme Zuwachs an wissenschaftlicher Erkenntnis, den wir seit der Veröffentlichung des ersten Berichts des Weltklimarates verzeichnen, hat nicht die Grundaussagen berührt, sondern die Klärung einer Vielzahl von Detailfragen ermöglicht. Es fehlte in den vergangenen beiden Jahrzehnten nicht an wissenschaftlicher Erkenntnis, sondern an der Bereitschaft, der Wissenschaft zuzuhören. Zum Teil wurde uns dies auch durch bewusst erzeugte Störgeräusche schwer gemacht.

Al Gore hat in seinem bahnbrechenden Film »Eine unbequeme Wahrheit« eine Studie bekannt gemacht, die einen gravierenden Unterschied zwischen wissenschaftlicher und medialer Behandlung des Klimawandels aufzeigt: Von 928 wissenschaftlichen Publikationen formulierte keine einzige Zweifel am von Menschen gemachten Treibhauseffekt. Hingegen behaupteten 53% von 636 Artikeln aus US-Medien, es sei wissenschaftlich unbewiesen, ob der Mensch Einfluss auf das Klima nehme. Wir wissen heute, dass vor allem das große Geld aus der Ölindustrie und politische Einflussnahme in den USA dazu genutzt wurden, der Öffentlichkeit Sand in die Augen zu streuen und den Erkenntnisstand der Klimaforschung gezielt zu verharmlosen.

Ohne solche Realitätsverfremdung müssen wir einsehen: Die Menschheit hat in nur 150 Jahren so viel Kohle,

Öl und Gas verbrannt, dass die Zusammensetzung der Atmosphäre sich in gefährlicher Weise verändert. Wir befinden uns bereits mitten im Klimawandel und können nur noch hoffen, ihn erträglich zu halten. Ganz aufzuhalten ist die Erderwärmung nicht mehr, denn wir sind gesellschaftlich schlicht nicht in der Lage, die Verbrennung fossiler Energieträger von heute auf morgen zu stoppen. Überdies gibt es eine zeitliche Verzögerung zwischen dem Verbrennen von fossilen Energieträgern und der maximalen Klimawirkung. Kohlendioxid ist chemisch extrem stabil und verbleibt über Jahrzehnte in der Atmosphäre. Selbst wenn wir das Unmögliche möglich machen und sofort vollständig auf die Kohlenstoffwirtschaft verzichten würden, müssten wir noch lange mit erhöhten Temperaturen leben.

Wir bremsen die Entwicklung aber nicht, im Gegenteil, in jüngster Zeit hat sich das Tempo, in dem die Emissionen aus Verbrennungsprozessen anwachsen, sogar noch beschleunigt. Weltweit steigerten wir die CO_2-Emissionen in den 90ern jährlich um ein bis zwei Prozent. Seit der Jahrtausendwende hat sich das Wachstum auf mehr als drei Prozent pro Jahr beschleunigt. Hauptverantwortlich ist dafür die Industrialisierung in Asien. In China entsteht alle zwei Jahre ein neues Kohlenstoff-Deutschland, so stark wachsen dort die Emissionen.

Angesichts dieser Fakten wird es schwer genug, den Anstieg der CO_2-Emissionen so zu begrenzen, dass aus dem unvermeidbaren Klimawandel keine Klimakatastrophe wird. Dafür empfiehlt uns der Weltklimarat, das »Zwei-Grad-Ziel« anzunehmen, also nicht mehr als zwei Grad Erwärmung der mittleren Erdtemperatur zuzulassen. Das Weltklima, so weiß die Wissenschaft heute, ändert sich nämlich nicht linear, sondern sprunghaft. Es gibt »Kippschalter«, die nicht zurückgestellt werden können und im globalen Maßstab desaströse Effekte bewirken. Wenn diese Schalter kippen, wird der Klimawandel unbeherrschbar.

Heute scheint es so, als könnten wir dieses Desaster noch verhindern, wenn wir das Zwei-Grad-Ziel erreichen.

Beispiele für Kippschalter sind das Auftauen der Permafrostböden in Sibirien oder das Abschmelzen der grönländischen Eismassen. In Sibiriens Dauerfrost sind im Erdreich gewaltige Massen von Methan gespeichert. Wenn der Boden auftauen sollte, würde das Gas in die Atmosphäre entweichen und das Klima gewaltig aufheizen. Methan ist nämlich als Treibhausgas fünfzigfach stärker wirksam

als der mengenmäßige Hauptverursacher Kohlendioxid. Schmilzt der gewaltige Eisschild auf Grönland, so steigt der Meeresspiegel um sechs Meter. Ein Land wie Bangladesch, das zu den ärmsten der Welt gehört und hundert Millionen Einwohner hat, sänke damit weitgehend unter den Meersspiegel. Und selbst die Niederlande oder Florida würden sich schwertun, ihre Küste mit Deichen gegen einen solchen Anstieg zu sichern.

Wann diese Schalter kippen, kann man heute nicht präzise errechnen. Dass wir an den Schaltern kräftig drücken, ist aber schon erkennbar. Satellitenbilder der NASA zeigen, dass in den vergangenen Jahren eine Rekordschmelze des arktischen Eisschildes nach der andern zu verzeichnen war. Wenn das so weitergeht, wird das Nordpolarmeer in 20 Jahren im Sommer komplett eisfrei sein. Während bisher das weiße Eis das Sonnenlicht weitgehend reflektiert hat, wird dann das Nordpolarmeer dunkelblau und viel Energie von der Sonne unmittelbar aufnehmen. Wenn das eintritt, kommt es zur Belastungsprobe für den grönländischen Eisschild und die Permafrostböden in Sibirien.

In einer Studie im Auftrag der britischen Regierung sagt der Ökonom Sir Nicholas Stern Auswirkungen des Klimawandels auf die Weltwirtschaft voraus, die in ihrer Dimension die Weltwirtschaftskrise der 30er-Jahre des vergangenen Jahrhunderts weit in den Schatten stellen. Wetterbedingte Schäden und Anpassungsmaßnahmen – zum

Beispiel für den Deichbau – könnten bis zu einem Fünftel der globalen Wirtschaftsleistung kosten. Und das über Jahrzehnte. Verglichen damit dürfte auch die aus dem Hypothekenmarkt in den USA entstandene Weltwirtschaftskrise der Gegenwart harmlos sein. Denn deren Ursachen – wenn auch nicht die aktuellen Folgen – lassen sich mit gesetzgeberischen Akten beseitigen. Ist das Weltklima erst einmal aus der Balance geraten, kann hingegen keine menschliche Macht die äußerst günstigen Klimabedingungen wiederherstellen, die es uns in den vergangenen 10000 Jahren erlaubt haben, mit Ackerbau und Viehzucht zu beginnen und bis heute eine fantastische Zivilisation zu errichten. Es lohnt sich also auch ökonomisch, in Klimaschutz zu investieren.

Es gibt keinen Zweifel: Die größte Herausforderung der Menschheit im 21. Jahrhundert ist es, das Energiesystem komplett zu revolutionieren. Unser Wirtschaftssystem, unsere Ernährung, unsere Trinkwasser- und unsere medizinische Versorgung funktionieren nicht ohne Öl, Kohle und Gas. Wenn wir diese Abhängigkeit nicht rasch beenden, werden wir entweder durch die Erschöpfung der Ressourcen oder durch eine Klimakatastrophe oder durch beides zugleich ein böses Erwachen erleben. Es ist höchste Zeit zu handeln!

Bleibt die Frage, ob wir noch etwas tun können. »Aber ja!«, hören wir jetzt von den Energiekonzernen. Wir haben noch immer die Atomenergie! Doch im globalen Maßstab ist das eine Illusion. Die weltweit etwa 430 Atomkraftwerke decken heute gerade 3% des globalen Energiebedarfs. Würde man die zehnfache Zahl neu bauen, so stiege ihr Anteil am Weltenergiebedarf bis 2050 nur auf 15%. Denn bis dahin wird sich der Energiehunger der Menschheit nochmals verdoppeln. Das wären 4300 Ziele für Terroristen, 4300 Orte für die Herstellung von Atomwaffen, 4300 Tschernobyl-Risiken. Wer will das wirklich?

So absurd die atomare Option global und politisch ist, so unsinnig ist sie auch technisch. Die mit vernünftigem Aufwand abzubauenden Uranvorräte reichen schon bei der heutigen Verbrauchsrate nur etwa 60 Jahre. Für 4000 neue Atomkraftwerke gibt es gar nicht genug Brennstoff. Es sei denn, wir bauen Schnelle Brüter und steigen vollständig in die Plutoniumwirtschaft ein – auch im Iran, in Syrien und in Pakistan. Das aber wird kein Innenminister und keine Außenministerin auch nur zu denken wagen.

Und dabei ist über das Endlagerproblem noch kein Wort verloren. Man kann es drehen und wenden, wie man will, Atomkraft ist keine Lösung.

Dennoch bin ich fest davon überzeugt, dass wir die technischen Möglichkeiten und die soziale Innovationskraft haben, der Menschheit eine gute Zukunft zu sichern. Und ebenso sicher bin ich, dass wir alle an unserem Platz einen wesentlichen Beitrag leisten können, der notwendigen ökologischen Revolution zum Durchbruch zu verhelfen. Mit dieser Überzeugung habe ich mein Amt als Oberbürgermeister in Tübingen angetreten und das Experiment Klimaschutz in der Kommune begonnen. Was sich dabei in zwei Jahren ergeben hat, können Sie in den folgenden Kapiteln erfahren.

1.3 Klimaschutz in der Kommune – entdecke die Möglichkeiten

Jede Stadtgesellschaft in Deutschland kann bis 2020 die Hälfte ihrer Treibhausgasemissionen einsparen. »Wie das?«, werden Sie vielleicht fragen.

Sicher nicht mit den bisherigen Mitteln, das ist wahr. Kleinreden darf man die Initiativen der vergangenen Jahre allerdings nicht. Es ist bemerkenswert, dass 1400 Städte und Gemeinden Mitglied des Klimabündnisses in Europa geworden sind. Vergleichbar lang ist die Liste der Klimaschutzkommunen in den USA. Eine unglaubliche Vielzahl von lokalen Klimaschutzinitiativen hat sich seither um vorbildliche Maßnahmen zur Senkung der Treibhausgasemissionen verdient gemacht.

Trotzdem muss man einräumen, dass der CO_2-Ausstoß weltweit immer schneller steigt und selbst in Europa kaum ein Land die sehr bescheidenen Klimaschutzziele des Vertrags von Kyoto erreicht. Dasselbe gilt bedauerlicherweise auch für die Städte und Gemeinden, die sich eigene Klimaschutzziele gesetzt haben. Relevante Minderungserfolge kann so gut wie keine Kommune vorweisen.

Der Hauptgrund hierfür ist leicht auszumachen: Fast immer standen in der Pionierphase des kommunalen Klimaschutzes Modellprojekte im Mittelpunkt. Auf die Klimabilanz einer Kommune haben vorbildliche Maßnahmen aber nur eine merkliche Auswirkung, wenn sie breite Nachahmung finden. Der CO_2-Ausstoß einer Stadt ist mit kommunalen Maßnahmen nur zu senken, wenn Klimaschutztechnik und umweltfreundliches Verhalten eine ganze Stadtgesellschaft erfassen.

Ein einzelnes Plus-Energiehaus ist Anlass zum Staunen. Man freut sich daran, dass die moderne Technik hohen Wohnkomfort in Häusern ermöglicht, die mehr Energie produzieren als konsumieren. Aber nur wenn ganze Stadtteile so gebaut werden, entsteht daraus wirksamer Klimaschutz. Eine einzelne Solaranlage auf einem Dach produziert umweltfreundlich Strom oder Wärme. Aber erst eine Stadt, die gemeinschaftliche Solaranlagen auf allen nutzbaren Dächern baut, wird klimafreundlich. Ein Ökostromkunde setzt ein Zeichen für umweltfreundliche Energieversorgung, aber erst wenn eine relevante Anzahl von Kunden solche Verträge unterzeichnet, verändern sie gemeinsam den Markt zugunsten umweltfreundlicher Energieproduktion.

Wenn eine Stadtgesellschaft sich tatsächlich gemeinsam auf den Weg zur Klimaschutzkommune macht, dann kann sie fast ohne Land, Bund, EU oder UNO viel erreichen. Die technischen Potenziale zur Energieeinsparung reichen so gut wie in jedem Feld an 70% heran. Und viele davon können in Kommunen und von den Bürgerinnen und Bürgern einer Stadt unmittelbar erschlossen werden. Häufig sogar mit wirtschaftlichem Gewinn:

- Wenn alle Menschen in einer Stadt die Glühbirnen herausdrehen und durch Energiesparlampen ersetzen, dann sparen sie 80% der Beleuchtungsenergie. Das macht immerhin 2% der Stromproduktion aus und spart jedem Haushalt pro Jahr durchschnittlich 20 Euro.
- Wenn alle Menschen in einer Stadt einen Kurs in energiesparender Fahrweise belegen, dann reduzieren sie gemeinsam ihren CO_2-Ausstoß im Autoverkehr um 15% und sparen durchschnittlich pro Kopf und Jahr 200 Euro an der Tankstelle.
- Wenn alle Hausbesitzer in einer Stadt ihre Häuser energetisch auf den Stand der Technik bringen, sparen sie mindestens 50% CO_2 und Heizkosten. Das sind für ein Einfamilienhaus durchschnittlich 1000 Euro im Jahr. Und gemessen am CO_2-Ausstoß der ganzen Stadt allein schon 15% Reduktion.
- Wenn alle Haushalte einer Stadt auf Ökostrom umsteigen, reduzieren sie den CO_2-Ausstoß aus der Stromversorgung auf null und finanzieren den Neubau von umweltfreundlichen Kraftwerken. In der CO_2-Bilanz der Stadt sind 10% eingespart.
- Wenn alle Menschen in einer Stadt die Zahl der Autofahrten um ein Drittel reduzieren und auf Bus, Bahn und Rad umsteigen, sinkt der CO_2-Ausstoß im Verkehr um ein Viertel und in der Stadt um fast ein Zehntel.

Entscheidend ist bei diesen Beispielen das Wörtchen »alle«. Eine Klimaschutzkommune muss also die ganze Bürgerschaft zu einer Bürgerbewegung für Klimaschutz zusammenschließen. Ein soziales Experiment, das zumindest nicht aussichtslos ist, weil der Stadt, die das schafft, eine Vielzahl von Vorteilen winkt: auf Dauer große Einsparungen bei den Energiekosten, nachhaltige, auf künftige Anforderungen angepasste Strukturen, hohe Lebensqualität und das Bewusstsein, kein richtiges Leben im falschen zu führen, sondern wirklich auf dem richtigen Weg zu sein. Hohe Attraktivität und Anerkennung von außen sind dabei eingeschlossen.

Stark vereinfacht sind etwa drei Viertel der CO_2-Emissionen einer Stadt lokal beeinflussbar. Die drei wichtigsten Sektoren sind Gebäudewärme, Strom und Verkehr, meistens in dieser Reihenfolge, manchmal tauschen Verkehr und Strom die Plätze. Erfolgreicher Klimaschutz vor Ort muss also diese drei Bereiche systematisch angehen.

Gebäude

Die wichtigsten Objekte für Klimaschutz in den Städten sind zweifellos die Gebäude, die sie ja auch wesentlich ausmachen. Der Gesetzgeber blickt vor allem auf Neubauten und verschärft seit der ersten Wärmeschutzverordnung des Jahres 1977 die Vorschriften kontinuierlich. Das ist richtig, aber völlig unzureichend. Denn anders als im 20. Jahrhundert, das in Deutschland von Bevölkerungswachstum und Wiederaufbauleistungen nach zwei Kriegen geprägt war, spielt der Neubau heute nur noch eine untergeordnete Rolle. Der jährliche Zubau entspricht wenig mehr als 1 % der vorhandenen Gebäudezahl. Mithin stehen 90 % aller Gebäude einer deutschen Stadt des Jahres 2020 schon heute. Und weil die alten Häuser unsaniert viel Energie benötigen, würden sie in dieser Stadt des Jahres 2020 für über 95 % des Gebäudeenergiebedarfs verantwortlich sein. Klimaschutz bei Gebäuden heißt Sanierung des Bestands!

Der Fortschritt der Bautechnik in den vergangenen drei Jahrzehnten war dank der zunehmend strengeren Gesetzgebung durchaus bemerkenswert. Ein Wohnhaus aus den 70er-Jahren gehört im Regelfall der 20-Liter-Klasse an: Pro Quadratmeter beheizter Wohnfläche verbraucht ein solches Gebäude in einem Jahr den Energiegehalt von 20 Liter

Heizöl. In den 80er-Jahren entstanden 15-Liter-Häuser, in den 90ern überwiegend 10-Liter-Häuser, seit dem Jahr 2002 liegt der gesetzliche Durchschnitt beim 8-Liter-Haus, im Laufe des Jahres 2009 wird das 6-Liter-Haus Standard und vorbildliche Neubauten werden heute als 4-Liter-Haus, Passiv- oder gar als Nullenergiehaus errichtet.

Erfreulicherweise profitiert von diesem Fortschritt auch die Technik der energetischen Sanierung. Es ist heute möglich, ein 20-Liter-Haus in ein Null-Liter-Haus umzuwandeln. Eine so radikale Maßnahme rechnet sich allerdings im Regelfall nicht. Hingegen ist der Standard eines 6-Liter-Hauses (Niedrigenergie-Haus) fast immer erreichbar und häufig auch wirtschaftlich sinnvoll. Wer ein Haus, das 30 Jahre oder älter ist, energetisch modernisiert, kann aus einem 20-Liter-Haus ein 6-Liter-Haus machen und bekommt die Investition durch eingesparte Heizkosten auf 25 Jahre gerechnet voll ersetzt. Der gesteigerte Wert der Immobilie und eine Reduktion der CO_2-Emission um 70 % verbleiben als dauerhafte Werte.

Obwohl sich die energetische Sanierung der meisten Häuser in jeder Hinsicht lohnt, liegt die Sanierungsquote derzeit bei 0,6 %, das heißt, pro Jahr wird nur eines von 150 Häusern im Bestand energetisch auf den Stand der Technik gebracht. Wenn wir in diesem Tempo weitermachen, ist der Klimawandel schon vorbei, ehe die letzten Häuser saniert sind. Eine Klimaschutzkommune muss also durch

Information und Motivation die Sanierungsquote deutlich anheben. Steigt die Rate zum Beispiel auf 3 %, sind alle Gebäude in 30 Jahren auf der Höhe der Zeit.

In vielen Städten halten die Kommunen selbst über Wohnungsbaugesellschaften einen erheblichen Teil des Wohnungsbestandes. Hier kann die Stadt durch eine Sanierungsoffensive eine Vorreiterrolle einnehmen. Der Großteil des Gebäudebestandes ist aber in Privatbesitz. Hier sind es viele Tausend Ansprechpartner, die über Sanierungen von Gebäuden entscheiden müssen. Es ist zweifellos aufwendig, so viele Adressaten zu erreichen. Andererseits sind die Bürgerinnen und Bürger einer Stadt die besten Partner für eine kommunale Initiative. Genau hier sollte eine erfolgreiche Klimaschutzstrategie in der Kommune also ansetzen.

Strom

Im Stromsektor, der meist etwa für ein Drittel der CO_2-Emissionen verantwortlich ist, kann Klimaschutz bei der Produktion und beim Verbrauch wirksam werden. Städte, die über eigene Stadtwerke verfügen, haben die Möglichkeit, in klimafreundliche Stromerzeugung zu investieren. Mindestens so wichtig wie eine Veränderung der Stromerzeugungsstruktur ist aber die Einsparung von elektrischer Energie. Hier ist wieder die ganze Stadt gefragt.

Der Energieverbrauch ist bisher nur bei Kühlschränken und Gefriertruhen zu einem Kaufargument geworden. Diese Geräte hatten derart hohe Betriebskosten, dass die Kunden schon in den 90er-Jahren immer sparsamere Produkte bevorzugten. Bei nahezu allen anderen Elektrogeräten ist der Energieverbrauch bis heute Nebensache. Zu Unrecht. Ein großer Plasmafernseher kann bis zu 50-mal mehr Energie im Betrieb benötigen als ein durchaus ansehnlicher Flüssigkristall-Bildschirm. Bei gleichem Gebrauchswert unterscheiden sich sehr viele Elektrogeräte im Verbrauch um den Faktor 5 zwischen dem besten und dem schlechtesten Fabrikat. Hier sind Kennzeichnung und Information der wichtigste Hebel.

Altbekannt und trotzdem unbeachtet ist die Tatsache, dass der Stand-by-Betrieb und andere Leerlaufformen von Elektrogeräten in Deutschland drei Großkraftwerke rund um die Uhr beschäftigen. Mit schaltbaren Steckerleisten

aus dem Baumarkt oder dem Elektrofachhandel kann ein durchschnittlicher Haushalt 50 Euro Stromkosten im Jahr einsparen. Mit dem Ersatz von Glühbirnen durch Energiesparlampen nochmals 50 Euro. Der Austausch veralteter Heizungspumpen spart 50% bis 70% des Stroms für den Betrieb der Heizungsanlage und oft mehr als 100 Euro im Jahr.

In der Summe sind durch Modernisierung der Elektrogeräte und sinnvolleren Einsatz derselben ohne relevante Komfort- und Leistungseinbußen 30% Energieeinsparung in einem Jahrzehnt erreichbar. Wenn die CO_2-Intensität der Stromerzeugung parallel durch Anlagen der Kraft-Wärme-Kopplung und erneuerbaren Energien halbiert wird, vermindert sich der strombedingte CO_2-Ausstoß einer ganzen Stadt um annähernd 70%.

Verkehr

Am schwierigsten sind Veränderungen im Verkehrssektor zu erreichen. Weniger aus Gründen des Klimaschutzes als vielmehr aus stadtplanerischen Überlegungen und zur Verminderung von Lärm und Dreck in den Städten versuchen viele Kommunen seit drei Jahrzehnten den Autoverkehr zurückzudrängen und die Menschen zum Umsteigen auf den Umweltverbund zu bewegen. Das war zwar nicht vergeblich und vereinzelt sogar erfolgreich, die Dominanz des Autos als Verkehrsmittel Nummer eins konnten all diese Anstrengungen jedoch nicht brechen. Das Auto ist der Deutschen liebstes Kind und eine Beeinflussung des Mobilitätsverhaltens gilt oft schon politisch als unzumutbar.

Dennoch kann eine Kommune die Voraussetzungen für weniger CO_2-Ausstoß im Verkehr schaffen. Attraktive Fußwegeverbindungen, ein durchgängiges und sicheres Radwegenetz, günstig gelegene Abstellplätze, ein engmaschiges Netz aus Bus- und Bahnlinien, preiswerte Tarifgestaltung einerseits, autofreie Bereiche, kostenpflichtige Stellplätze und Bevorrechtigung von öffentlichen Verkehrsmitteln wie auch Rad- und Fußverkehr gegenüber dem Auto andererseits verringern den Ölverbrauch im Verkehr entscheidend. Über 50% aller Autofahrten sind kürzer als 5 Kilometer und folglich prinzipiell mit dem Rad, zu Fuß oder mit Bus und Bahn gut zu bewältigen.

Gelingt es einer Stadt, 10% aller Wege vom Auto auf die umweltfreundlichen Verkehrsmittel zu verlagern, verringern sich die CO_2-Emissionen aus dem Verkehr um 8%. Das reicht offensichtlich nicht aus. Auch das Autofahren selbst muss ökologischer werden.

Am leichtesten gelingt dies durch energiesparendes Fahren. Wer einen entsprechenden Kurs belegt, reduziert seinen CO_2-Ausstoß um 10 bis 15% – bei gleicher Fahrleistung und Geschwindigkeit! Durch die Wahl der jeweils sparsamsten Fabrikate einer Fahrzeugklasse beim Autokauf lassen sich ebenfalls 15% gegenüber dem Durchschnitt einsparen.

Noch mehr bringt das gemeinschaftliche Nutzen von Autos. Das Teilen von Autos verteilt den ökologischen Rucksack der Produktion auf viele Personen. Weil nicht mehr das Autobesitzen, sondern nur noch das Fahren Geld kostet, reduzieren sich der Anreiz zur Automobilität und die tatsächlich gefahrene Kilometeranzahl dramatisch. Mitglieder in einem Teilautonetz verringern so ihre verkehrsbedingten Emissionen leicht um die Hälfte.

Nur langfristig wirksam sind Maßnahmen der Stadtplanung. Automobilität ist häufig erzwungen und nicht erwünscht. Wenn es keine Lebensmittelversorgung im Stadtteil mehr gibt, wenn alle Arbeitsplätze kilometerweit von den Wohnorten entfernt sind, wenn Bauplätze nur weit außerhalb der Stadt angeboten werden, dann wird Automobilität alternativlos. Wenn die Stadtplanung die wichtigsten Alltagsfunktionen – Wohnen, Arbeiten, Versorgen – in gemischten Quartieren unterbringt, entsteht die Stadt der kurzen Wege, eine Stadt, in der das Auto nicht mehr Regel-, sondern Ausnahmetransportmittel ist und der CO_2-Ausstoß im Verkehr stark sinkt.

Eine Stadtgesellschaft, die sparsame Fahrweise mit modernen Fahrzeugen und dem Teilautokonzept verbindet, kann auch im Verkehrsbereich ihre Emissionen um 70% reduzieren. Zugegeben: Realistischerweise muss man hier die größten Abstriche machen, weil auf absehbare Zeit nicht genügend Menschen den dafür notwendigen Wandel von Gewohnheiten vollziehen werden. Schon mit sparsamer Fahrweise und sparsamen Fahrzeugen ist aber eine Reduktion um 30% in zehn Jahren machbar.

Am Beispiel Tübingens illustriert ergibt sich vereinfacht folgendes Bild: Von insgesamt 8 Tonnen CO_2 pro Kopf und Jahr sind in Tübingen 6 Tonnen direkt lokal beeinflussbar. Diese teilen sich zu etwa 40% (2,4 Tonnen) in Wärme für Gebäude und je 30% (1,8 Tonnen) in Strom und Verkehr auf. Mit heute verfügbaren Techniken könnten die lokal beeinflussbaren Emissionen bis zum Jahr 2020 auf 0,8 Tonnen im Wärmesektor, 1 Tonne im Verkehr und 0,6 Tonnen im Strombereich gesenkt werden. Es verblieben also noch 2,4 Tonnen CO_2 pro Kopf und Jahr. Vorausgesetzt, Deutschland würde seinen Kohlendioxidausstoß insgesamt und damit auch die lokal nicht beeinflussbaren Emissionen ähnlich ehrgeizig anpacken, ergäbe sich eine Pro-Kopf-Emission von 3 Tonnen im Jahr. Das ist der oberste Wert, den Klimaforscher für eben noch verträglich halten. Weniger Anstrengungen können wir uns also eigentlich nicht leisten.

1.5 Ein Preisschild für die Klimafolgen: der CO_2-Rechner

Ob ein Produkt das wert ist, was dafür verlangt wird, das beurteilen wir in der Regel schnell und einfach am Preisschild. Schon Kinder lernen »billig« und »teuer« zu unterscheiden. Und natürlich hängt das, was man sich leisten kann oder will, auch von der Größe des eigenen Geldbeutels ab. Wir haben uns an Geld als Universalwährung so sehr gewöhnt, dass wir im Alltag nicht mehr registrieren, welche Vereinfachung jeder Kaufentscheidung die Preisbildung bedeutet. In den Preis fließt eine Vielzahl von Faktoren ein, deren Berechnung uns ohne dieses Hilfsmittel völlig überfordern würde.

Nehmen wir als Beispiel nur den Cappuccino nach der Mittagspause. In dessen Preis fließt von der Milch und den Kaffeebohnen über die Abnutzung der Kaffeemaschine und des Tresens bis zu den Stromkosten und dem Gehalt der Bedienung eine Vielzahl von Kostenpositionen ein, über deren Größenordnung wir uns als Kunde keine Gedanken machen wollen. Das müssten wir aber, wenn wir auf Tauschwertbasis entscheiden würden, wie viele Äpfel oder auch nur wie viele Liter Milch wir im Tausch für einen Cappuccino zu geben bereit wären. Dank der Erfindung des Preises sehen wir das auf einen Blick.

Für Treibhausgase fehlt uns bisher ein solches Instrument. Man sieht es dem Cappuccino einfach nicht an, wie viel CO_2 bis zum Genuss auf der Zunge entstanden ist. Und weil wir nicht über Erfahrungswerte verfügen, würden wir uns sehr schwertun, wenn wir Vergleiche des Klimaschadens zwischen dem Kauf einer Waschmaschine, einem Tagesausflug mit dem Auto oder einem Vollbad anstellen müssten. So treffen wir unsere Konsumentscheidungen fast immer ohne Rücksicht auf das Klima, ganz einfach weil wir nicht wissen, was der Preis ist, den wir in Form eines Klimaschadens bezahlen müssen.

36 Das zu ändern ist eine Aufgabe, der sich zum Beispiel das Institut für Energie- und Umweltforschung (IFEU) in Heidelberg verschrieben hat. Als eines von mehreren Umweltforschungsinstituten erstellt das IFEU CO_2-Bilanzen. Das sind aufwendige Rechenwerke, in denen versucht wird, die CO_2-Emissionen verschiedener Produkte und Dienstleistungen möglichst vollständig zu ermitteln. Dabei sind mittlerweile gute Fortschritte erzielt worden. Auch wenn im Detail noch vieles unscharf ist, kennen Wissenschaftler die CO_2-Preise mittlerweile recht gut. Es geht also darum, aus diesem Wissen ein praktisch nutzbares Etikett zu machen. Dafür ist der CO_2-Rechner eine gute Hilfe.

Für mich ist es natürlich kein Zufall, dass eine Tübinger Firma namens avanTime in Deutschland führend bei der Entwicklung solcher Rechenprogramme ist. Im CO_2-Rechner sind eine Vielzahl von Daten zur CO_2-Intensität von Energieträgern, Produkten, Dienstleistungen und Verhaltensweisen hinterlegt. Durch leicht zu bedienende Abfragen kann man im Internet schnell und einfach eine persönliche CO_2-Bilanz erstellen. Wer das einmal ausprobiert, hat meistens ein Aha-Erlebnis. Denn die wenigsten von uns haben eine Vorstellung davon, wie groß ihr persönlicher Beitrag zum Klimawandel ist und was dafür die Hauptfaktoren sind. Das ist aber die Voraussetzung, um bewusst Entscheidungen für den Klimaschutz treffen zu können.

Nach den vom Umweltbundesamt bestätigten Daten, die der CO_2-Rechner benutzt, ergibt sich für jeden Einwohner Deutschlands die folgende durchschnittliche CO_2-Bilanz: Für Strom fallen 0,75 Tonnen an, für Heizung und Warmwasser 1,97 Tonnen, für die Nutzung des Autos 1,56 Tonnen, für öffentliche Verkehrsmittel 0,11 Tonnen, für Flugreisen 0,85 Tonnen, für Ernährung 1,65 Tonnen und für den Konsum 2,75 Tonnen. Dazu kommt noch der sogenannte öffentliche Konsum. Das sind von der Bundeswehr über die Autobahnen und Schienenstrecken bis hin zu den Gebäuden der Bundesregierung und den Krankenhäusern die überörtlichen Einrichtungen, deren Energieverbrauch sich anteilig alle Deutschen zurechnen lassen müssen. Dieser Sockel wird heute mit 1,24 Tonnen taxiert. In der Summe sind das 10,88 Tonnen CO_2 pro Kopf und Jahr.

Erstaunlich mag an dieser Aufstellung sein, dass der Strom nur für 7% der CO_2-Emissionen verantwortlich sein soll, während der Konsum allein ein Viertel der CO_2-Bilanz ausmacht. Das wird leichter verständlich, wenn man sich klarmacht, dass hier nur der private Haushaltsstromverbrauch gemeint ist, während sämtlicher Energieverbrauch der Industrie in deren Produkte eingerechnet wird. Ähnlich verhält es sich mit dem relativ kleinen Anteil des Verkehrs. Der CO_2-Ausstoß des LKW-Verkehrs wird ebenfalls voll auf den Konsum umgerechnet.

Tübingen bietet auf der städtischen Homepage einen individualisierten CO_2-Rechner an. Hier werden nicht wie sonst üblich die deutschen Durchschnittswerte, sondern spezifische Tübinger Daten der Berechnung zugrunde gelegt. So sieht man, was es bringt, in Tübingen vom eigenen Auto auf den Bus umzusteigen oder den Stromanbieter zu wechseln. Wer will, kann sich ein eigenes Profil anlegen und so verfolgen, ob die persönlichen Anstrengungen für mehr Klimaschutz über Zeit erfolgreich gewesen sind.

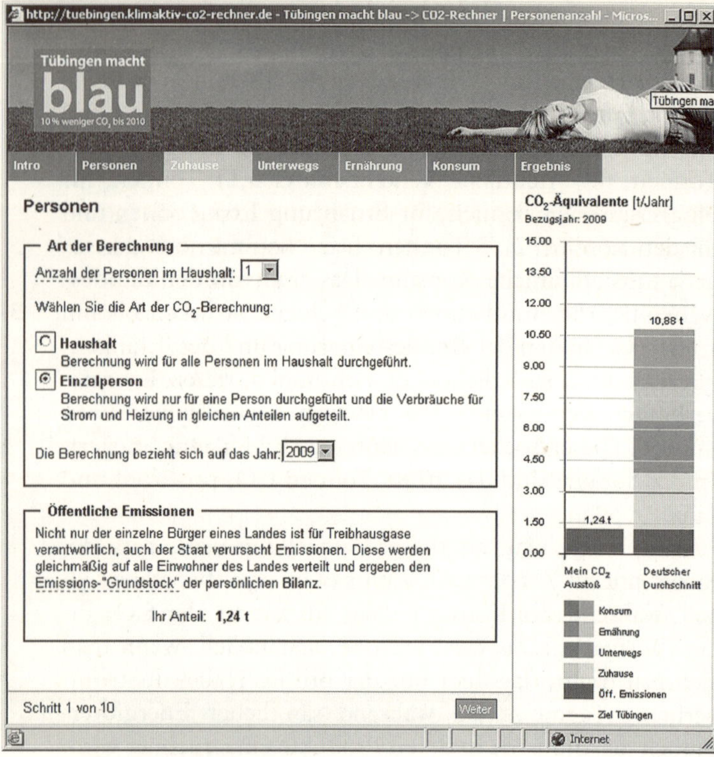

Der CO_2-Rechner im Internet

Verglichen werden die Ergebnisse mit dem deutschen Durchschnitt und mit der Tübinger Zielmarke von drei Tonnen pro Kopf und Jahr. Noch habe ich niemanden getroffen, der sie erreicht hat. Aber fünf Tonnen pro Kopf und Jahr haben mir besonders umweltbewusste Mitbürger schon vorgerechnet. Ich selbst komme privat auf etwa sechs Tonnen im Jahr. Wenn ich meine Dienstreisen einrechne, bin ich mit mindestens 20 Tonnen allerdings weit jenseits von Gut und Böse. Aber das ist im Sinne der Definition öffentlicher Konsum und wird deshalb durch die 85 000 Einwohner der Stadt geteilt. Zum Glück für mich!

1.6 Die CO_2-Bilanz einer Stadt

Man sollte meinen, es sei eine leichte Übung, die CO_2-Emissionen einer Stadt zu ermitteln. Schließlich wird der CO_2-Ausstoß für Deutschland schon über zwei Jahrzehnte präzise dargestellt. Und wie Sie mittlerweile wissen, können Sie im Internet Ihre persönliche CO_2-Bilanz mit wenigen Klicks ausrechnen lassen. Tatsächlich hantieren aber so gut wie alle Städte und Gemeinden mit einer Blackbox, wenn sie Treibhausgasbilanzen erstellen. Das Problem ist systematischer Natur.

Die Zahlen für ganz Deutschland sind die zuverlässigsten Daten und relativ leicht zu ermitteln. Wenn man davon ausgeht, dass Kohlendioxid nur durch die Verbrennung von fossilen Brennstoffen in relevanten und klimawirksamen Mengen frei wird, dann genügt es, die Produktion und den Import von Kohle, Öl, Kraftstoffen und Gas zu erfassen. Hierzu gibt es schon aus steuerlichen Gründen sehr präzise Statistiken und die Erhebung ist einfach: Man muss nicht einzeln ermitteln, wie viel 50 Millionen Kraftfahrzeuge getankt haben, es reicht, den Absatz einer Handvoll Mineralölkonzerne zu kennen.

Auf diese Weise entsteht für ganz Deutschland eine CO_2-Bilanz, die sich für das Jahr 2005 wie folgt darstellt: Von insgesamt 873 Millionen Tonnen CO_2-Emissionen entfallen auf die Energiewirtschaft (Produktion und Verteilung von Strom) ziemlich genau zwei Fünftel, auf verarbeitendes Gewerbe und Industrieprozesse, auf die privaten Haushalte und schließlich auf den Verkehr jeweils ein weiteres Fünftel.

Diese Zahlen unterscheiden sich übrigens sehr stark von

den häufig zitierten Angaben über den Energieverbrauch – genauer: Endenergieverbrauch – in Deutschland. Hier zeigt sich nach den Daten des Bundeswirtschaftsministeriums eine Aufteilung von jeweils einem starken Viertel in die Sektoren Haushalte, Industrie und Verkehr sowie einem Sechstel für den Sektor Gewerbe und Dienstleistungen. Das liegt daran, dass die Stromumwandlung in Deutschland unglaublich ineffizient ist: Mehr als zwei Drittel der eingesetzten Primärenergie gehen unterwegs verloren. Verluste bei der Stromproduktion sind ein Drittel des gesamten Energieverbrauchs in Deutschland! Im Endenergieverbrauch taucht dieses Drittel nicht auf. Entsprechend größer erscheinen die Anteile der Haushalte oder des Verkehrs.

Die Pro-Kopf-Emissionen sind leicht zu ermitteln, wenn man den Gesamtwert für Deutschland durch die Zahl der Einwohner dividiert. Exakt ist das allerdings auch nicht, denn erstaunlicherweise glauben die Statistiker, dass es in Deutschland etwa eine Million Menschen weniger gibt, als offiziell behauptet wird. Wir kennen die Menge des in Deutschland verkauften Benzins genauer als die Zahl der Menschen, die hier leben!

Angesichts dieser Paradoxie wird auch einsichtig, warum die Städte sich so schwer mit CO_2-Bilanzen tun. Im Prinzip haben sie zwei Möglichkeiten. Sie können den sogenannten Bottom-up-Ansatz wählen. Das hieße, sie ermitteln präzise, wie viel fossile Energien jeder einzelne Einwohner verbraucht, und addieren die entsprechenden Werte. In der Praxis scheidet das fast immer wegen des immensen Aufwands aus. Deshalb entscheiden sich die meisten Kommunen für den Top-down-Ansatz, d.h. sie multiplizieren die durchschnittlichen CO_2-Emissionen eines Einwohners in Deutschland mit der Zahl der Einwohner der Kommune und korrigieren diesen Wert um bekannte lokale Sonderfaktoren wie zum Beispiel den CO_2-Faktor des örtlichen Stromversorgers. Das hat den Nachteil, dass statt einer CO_2-Bilanz für die Kommune nur eine Schätzung anhand der Durchschnittswerte in Deutschland entsteht. Der Erfolg lokaler Klimaschutzmaßnahmen ist aus solchen Bilanzen nicht ablesbar.

Nach meiner Kenntnis verfügt derzeit keine deutsche Stadt über eine hinreichend exakte Aufschlüsselung ihrer CO_2-Bilanz. Alle arbeiten mit mehr oder weniger zuverlässigen Schätzungen und Durchschnittswerten. Das muss sich ändern, wenn wir Klimaschutz vor Ort begreifbar und sinnstiftend gestalten wollen.

Für Tübingen liegt nach dem aktuellen Klimaschutzbericht aus dem Jahr 2007 eine typische Mischbilanz vor. Exakt ermitteln lassen sich die CO_2-Emissionen aus dem Stromsektor. Denn mit den Stadtwerken Tübingen existiert ein Netzbetreiber, der den Absatz in seinem Versorgungsgebiet genau dokumentiert und die entsprechenden Daten der Stadt zur Verfügung stellt. Schon daran scheitert es häufig bei Kommunen, deren Stromnetz von großen Verbundunternehmen betrieben wird.

Ähnlich verhält es sich mit der Heizenergie. In Tübingen sind präzise Daten nur für die Versorgung mit Erdgas und Fernwärme durch die Stadtwerke verfügbar. Die tatsächliche Entwicklung des Heizölverbrauchs liegt völlig im Reich des Unbekannten und wird lediglich mit einer Abschätzung nach dem deutschen Durchschnittsverbrauch eingerechnet. Selbst wenn in Tübingen sämtliche alten Ölheizungen ersetzt würden, könnte man das bei dieser Methodik in der Klimabilanz nicht sehen.

Ganz im Ungewissen bleibt die Entwicklung im Verkehrsbereich. Eine Erhebung an den Tankstellen im Stadtgebiet würde die Frage offenlassen, wie viel Auswärtige in Tübingen tanken. Eine direkte Erfassung des Verbrauchs sämtlicher Fahrzeuge scheidet wegen des Aufwands aus. Man behilft sich deswegen ganz schlicht mit der Annahme, dass der Verkehr in Tübingen pro Kopf so viel CO_2-Emissionen verantwortet wie im Landesdurchschnitt. Selbst wenn alle Tübinger ein Jahr nur Rad fahren würden, würde sich das in dieser Klimabilanz nicht bemerkbar machen.

Mit diesen Einschränkungen haben sich für Tübingen die folgenden Werte im Jahr 2007 ergeben: Pro Kopf sind 1,59 Tonnen CO_2 dem Verkehr zuzurechnen, 1,80 Tonnen gehen auf das Konto des Stromverbrauchs und 3,43 Tonnen entstehen aus der Verbrennung fossiler Energieträger außerhalb dieser beiden Sektoren. In der Summe sind das 6,82 Tonnen pro Kopf. Die Zahl ist erfreulich, weil sie andeutet, dass Tübingen besser liegt als der Bundesdurchschnitt. Sie ist aber andererseits mit so vielen Fragezeichen behaftet, dass man sich dafür schwerlich loben kann.

Eine der Aufgaben, die ich als Oberbürgermeister der Stabsstelle für Klimaschutz gestellt habe, lautet daher, eine aussagekräftige Klimaschutzbilanz zu erstellen. Das lässt sich machen, wenn man Top-down- und Bottom-up-Ansätze intelligent verbindet und vorhandenes Datenmaterial neu verknüpft oder gezielt durch Erhebungen ergänzt. So werden wir für den nächsten Klimaschutzbericht die Zahlen der Kfz-Zulassungsstelle über den Verbrauch der Tübinger Fahrzeuge ebenso einspeisen wie die jüngste Haushaltsbefragung zum Mobilitätsverhalten und die Fahrgastzahlen des Stadtverkehrs. Die Anzahl der in Tübingen betriebenen Ölheizungen werden wir anhand der mit Erdgas und Fernwärme versorgten Gebäude abschätzen und durch Stichprobenerhebungen präzisieren. So soll ein Zahlenwerk entstehen, das Erfolge des lokalen Klimaschutzprogramms auch abbildet und damit als Ansporn für weitere Anstrengungen dienen kann.

2 Eine Stadt macht blau

2.1 Mit Klimaschutz die Wahl gewinnen

Als das Wahlergebnis der Tübinger OB-Wahl am 22. Oktober 2006 feststand, sprachen viele Kommentatoren aus Stadt und Land von einer Überraschung oder gar von einer kleinen Sensation. Tübingen war erst die vierte deutsche Stadt, die einen Kandidaten mit grünem Parteibuch zum Oberbürgermeister wählte – nach Konstanz, Mühlacker und Freiburg. Und bis dahin war es einem grünen Kandidaten noch nie gelungen, im ersten Wahlgang, also mit absoluter Mehrheit, und gegen eine erneut kandidierende Amtsinhaberin zu gewinnen.

Ein solches Ergebnis hat viele Ursachen. Manche sind in Personen und lokalen Besonderheiten oder Wendungen des Wahlkampfes begründet. Darüber werden sich die Stadtchronisten ein Urteil bilden. Interessant ist hier nur, dass die Bürgerinnen und Bürger sich mit der Wahl ihres neuen Oberbürgermeisters bewusst für eine engagierte Klimaschutzpolitik ausgesprochen haben. Denn dieses Herzensanliegen habe ich im Wahlkampf prononciert vertreten und ein unbeschriebenes Blatt war ich nicht.

Politik habe ich in Tübingen schon als Student gemacht. Von 1995 bis 2000 war ich Referent des Allgemeinen Studierendenausschusses für Umwelt und Verkehr. In dieser Funktion habe ich mich über die Gemeinderäte, die Stadtverwaltung und die Presse kontinuierlich in die Stadtpolitik eingemischt und vor allem Vorschläge zur Verbesserung des öffentlichen Nahverkehrs unterbreitet. In dieser Zeit wurde das Semesterticket für Studierende eingeführt und das Angebot des TüBus erheblich verbessert sowie auf studentische Bedürfnisse ausgerichtet. Parteipolitisch wurde ich für die Grünen aktiv und 2001 zum Mitglied des Landtags von Baden-Württemberg gewählt. Dort war ich für die Fraktion der Grünen umwelt- und verkehrspolitischer Sprecher. Die Bürgerinnen und Bürger Tübingens kannten mich vor allem wegen meiner Positionen zu ökologischen Fragen.

Als wir in einem Team von Unterstützern im Sommer 2006 den Wahlkampf planten, diskutierten wir über diese Tatsache und daraus zu ziehende Schlüsse durchaus kontrovers. Einige vertraten die Ansicht, ein Sieg erfordere den Verzicht auf allzu viel ökologisches Profil. Ich sei ohnehin als Umweltschützer bekannt, das müsse man nicht weiter herausstellen. Und für die bürgerlichen Kreise, die ich erreichen musste, um gegen die Amtsinhaberin von der SPD zu gewinnen, sei zu viel grüne Farbe eher abschreckend.

Das waren Argumente, die taktisch durchaus Gewicht hatten, steckte uns doch die Erfahrung der Tübinger OB-Wahl des Jahres 1998 noch in den Knochen. Damals hatte Wolf-Dieter Hasenclever, erster grüner Landtagsabgeordneter Tübingens und Fraktionsvorsitzender in Baden-Württemberg, mit 37% der Stimmen im zweiten Wahlgang nur knapp gegen die SPD-Kandidatin Brigitte Russ-Scherer verloren, die 40% der Stimmen erzielte.

Im ersten Wahlgang war Hasenclever noch in Führung gelegen. Dann verabschiedete sich jedoch der CDU-Kandidat aus dem Rennen und dessen Wählerschaft zog die SPD-Bewerberin dem grünen Kandidaten mehrheitlich vor. Tatsächlich hatte Hasenclever in der Kernstadt Tübingens sogar eine Mehrheit erzielt. In den ländlich strukturierten Ortschaften, die in den 70er-Jahren durch die Gemeindereform mit Tübingen verbunden wurden, wählten aber bis zu zwei Drittel in Ermangelung von Schwarz lieber Rot als Grün. Das kostete Hasenclever damals den Sieg.

Ich entschied mich am Ende trotzdem für einen prononciert ökologischen Wahlkampf und begründete das mit einer simplen Überlegung: Wenn Tübingen keinen grünen Oberbürgermeister will, dann soll es auch keinen wählen. Nur wenn ich vor der Wahl klar sage, wofür ich stehe, habe ich nach der Wahl eine Legitimation und eine reelle Chance, mein Programm umzusetzen. Deshalb wählten wir einen Slogan, der den Begriff »ökologisch« auf jedes Wahlplakat und jede Broschüre setzte. Deshalb waren Veranstaltungen zu ökologischen Themen wichtiger Bestandteil des Wahlkampfes.

Ein Beispiel: Im Herbst 2006 war der Klimawandel noch kein großes Thema. Zwar konnten Fachleute bereits erkennen, dass die Diskussion über die Erderwärmung intensiver wurde. Der Bericht des Weltklimarates stand kurz vor dem Abschluss. Aber die breite Öffentlichkeit war gerade erst dabei aufzuwachen. Daran hatte der Film von Al Gore »Eine unbequeme Wahrheit« einen wesentlichen Anteil. Für diesen Film erstellten wir ein Wahlkampfplakat und organisierten eine Matinee zum Filmstart in Tübingen mit anschließender Diskussionsrunde. Mehr als 150 Personen sahen sich den aufrüttelnden Streifen in Hollywood-Manier an und fast alle blieben zu einer einstündigen Debatte mit vielen Fragen im Saal. Es war deutlich zu spüren, dass die vielfältigen Beispiele, die ich für Klimaschutzprojekte in Tübingen benannte, die Leute begeisterten. Ebenso klar wurde, wie viel wir in der Stadt versäumt hatten. Das sprach ich auch in meinem Wahlprogramm offen an.

Mein Angebot an die Wählerinnen und Wähler lautete also: Machen Sie mich zum Oberbürgermeister, dann werden Ökologie und Klimaschutz im Rathaus von Neben- zu Hauptsachen.

Zitat:

Tübingen steht im Ruf, eine »grüne Stadt« zu sein. Für das ökologische Engagement und Bewusstsein der Menschen stimmt das ganz sicher, aber gemessen an harten Fakten spielt Tübingen in vielen ökologischen Disziplinen leider nur in der zweiten oder dritten Liga.

Die städtischen Gebäude: schreckliche Energieverschwender. Das Radwegnetz: lückenhaft und gefährlich. Fotovoltaik: weit hinter Freiburg oder Rottenburg-Oberndorf. Naturschutz: Für Pflege und Erhalt wertvoller Naturräume wird wenig getan. Luftqualität: Europäische Grenzwerte für Luftschadstoffe werden im Stadtgebiet regelmäßig überschritten. Strom-Mix: 20 % des Tübinger Stroms stammen aus Atomkraft und 68 % aus fossilen Energiequellen. Straßenverkehr: Noch immer kommen 90 % der 35 000 Einpendler täglich mit dem Auto in die Stadt. Klimaschutz: Die CO_2-Emissionen verbleiben auf hohem Niveau.

Ökologie war in den letzten Jahren im Rathaus nicht Chefsache, sondern nur eine von vielen Randbedingungen.

Übertreiben darf man das allerdings nicht, wie ich schmerzhaft feststellen musste. Just zum Beginn der heißen Phase des Wahlkampfes im Herbst 2006 fand in Berlin ein viel beachteter Zukunftskongress der Bundespartei der Grünen statt. Dort wurde unter anderem viel über die Frage diskutiert, wie Grüne sich in Umweltfragen nach dem Verlust der Regierungsverantwortung im Bund wieder Gehör verschaffen könnten. Einer meiner Vorschläge lautete: Gebt den Kommunen das Recht, eine City-Maut einzuführen und die Einnahmen vor Ort zum Ausbau von Bus und Bahn zu verwenden. London, Oslo und Stockholm waren erfolgreiche Beispiele für dieses Vorgehen.

Denselben Vorstoß hatte ich als Landtagsabgeordneter im Parlament schon mehrfach versucht. Der Widerhall war bescheiden. Nun fragte mich allerdings ein Korrespondent der dpa, ob ich eine City-Maut auch in Tübingen für sinnvoll hielte. Im Prinzip dafür, aber in der eigenen Stadt dagegen? Von einer solchen Politik habe ich noch nie etwas gehalten. Deshalb sagte ich, dass eine City-Maut auch in Tübingen sinnvoll sein könnte. Weil mir klar war, dass ich damit vermintes Gelände betrete, nannte ich aber zugleich mehrere Bedingungen, etwa den vollen Verbleib aller Einnahmen in der Stadtkasse und die Zustimmung der Bevölkerung in einem Bürgerentscheid.

Wie zu befürchten war, gingen diese Vorsichtsmaßnahmen auf dem Weg von Berlin nach Tübingen rasch unter. Plötzlich musste ich mich verteidigen, wo auch immer ich auftrat. Die Leute fragten, ob ich wirklich Zollschranken an den Stadtgrenzen einrichten wolle, und beschimpften mich als Wegelagerer. Die Tageszeitung druckte eine Karikatur, in der ich als Kanonier Wahlkampfmunition verschieße und einen Rohrkrepierer nach dem andern produziere. Auf der unmittelbar vor der Mündung abgestürzten Kanonenkugel stand: »City-Maut«.

In dieser Phase fand ein Fest im 1500-Seelen-Ort Hagelloch statt. Das ist der Tübinger Ortsteil, in dem die Grünen bei Wahlen immer am schlechtesten abschneiden. Meine Wahlkampfpostkarten zu verteilen brachte hier wenig Sympathien. Statt Werbung für mein Wahlprogramm zu machen, stritt ich mich auf dem Dorffest mit halb Hagelloch herum. Besonders intensiv mit einer Clique von jungen Berufstätigen. Was ich da zu hören bekam, hatte mit der OB-Wahl nichts zu tun. Dafür machten mir die Hagellocher überdeutlich, wie sehr sie meine Partei ablehnen: »Benzin fünf Mark! Ökosteuer! Abzocke! Ihr wollt

Rohrkrepierer im OB-Wahlkampf: die City-Maut (© Jürgen Sepp Buchegger)

doch, dass nur noch die Reichen Auto fahren!«

»Die Ökosteuer wurde über die Rentenbeiträge zurückerstattet! Die Maut soll doch gar nicht für Tübinger gelten, sondern nur, wenn man von außen in die Stadt fährt! Die Parkhäuser könnten dann umsonst sein! Der Bus würde doppelt so häufig fahren! Das Busticket würde billiger!« Ich redete mir den Mund fusselig, es half nichts. Diese Abwehrschlacht brachte keine Stimmen.

Just am selben Tag konnte man in der Zeitung lesen, dass die CDU ihren OB-Kandidaten verloren hatte. Der damalige Bürgermeister der Schwarzwaldgemeinde Haiterbach erklärte, er werde aus gesundheitlichen Gründen nicht mehr zur Wahl in Tübingen antreten. Mit den Erfahrungen aus Hagelloch im Gepäck gab ich die Wahl bereits verloren. In den Teilorten, so schien es, trieb eine Grünen-Allergie die Wählerschaft noch immer zur SPD. Da der CDU-Kandidat nun unerwartet ausgefallen war, schien mir die Wiederholung des Ergebnisses von 1998 wahrscheinlich. Das sagte ich in einem Telefonat auch meiner Konkurrentin Brigitte Russ-Scherer: »Die Teilorte gehören dir. In Hagelloch steht es 30:70.«

Es war noch zu früh, um die Wahl aufzugeben, doch in Sachen City-Maut blieb mir nur der öffentliche Rückzug: Ich erklärte, auch im Fall meiner Wahl würde ich die Einführung einer City-Maut nicht vorschlagen, weil sie ja ohnehin gesetzlich nicht zulässig sei. Das half, das Thema verschwand wieder. Zurück blieb die Erkenntnis, ein grüner Kandidat kann keine Mehrheiten gewinnen, wenn er die automobile Freiheit auch nur gedanklich infrage stellt.

Von dieser Episode abgesehen, hat die Ökologie meinen Wahlerfolg befördert. Das lässt sich mit statistischen Indizien wie mit Stimmungsbildern von der Straße gut belegen: Viele Wählerinnen und Wählern sagten mir, sie beabsichtigten, mich gerade wegen meiner ökologischen Grundhaltung zu wählen. Das passe zu Tübingen und hier müsse die Stadt endlich vorankommen. Ein OB, der mit Bus und Rad zum Termin käme, würde sie ermutigen, ihren eigenen Lebensstil freier und ökologischer zu gestalten.

Bei der Analyse der Ergebnisse in den Stimmbezirken zeigte sich nach der Wahl, dass ich in den Hochburgen der Grünen besonders gut abgeschnitten hatte. Im Französischen Viertel konnte ich das landesweite Rekordergebnis von der Landtagswahl nochmals deutlich steigern. Nach 57,3% im März erzielte ich nun 66,3%. Es war mir also gelungen, die den Grünen zugeneigten Wählerinnen und Wähler zu mobilisieren. Und dafür hat das Thema Klimaschutz eine wesentliche Rolle gespielt.

Und die dörflicher strukturierten Teilorte? In sechs von acht konnte ich die Mehrheit erringen, nur Hirschau und Hagelloch gingen knapp an meine Vorgängerin. Insgesamt stimmten die Stadtteile mit 41,7% für mich und mit 36,7% für die SPD-Amtsinhaberin. Die Allergie gegen Grüne war also doch abgeklungen.

2.2 Tübingen macht blau – die Bürgerbewegung für Klimaschutz

Tübingen ist eine Universitätsstadt mit 85 000 Einwohnern und 23 000 Studierenden. Sie hat damit die höchste »Studierendendichte« aller deutschen Universitätsstädte. Einer ihrer großen Geister, der Rhetoriker Walter Jens, hat Tübingen in seinem Buch über »Die kleine große Stadt« als Neckar-Athen beschrieben, eine schwäbische Stadt mit Eigenschaften der antiken griechischen Polis.

Und in der Tat, das ist es, was ich an Tübingen noch mehr schätze als die Schönheit der unzerstörten mittelalterlichen Altstadt und die herrliche Lage im Albvorland, am Rande der ausgedehnten Wälder des Schönbuchs und des geruhsam fließenden Neckars: Tübingen ist klein genug, um den Überblick zu behalten, und doch geistig groß genug, um immer wieder Heimstatt für Dichter und Denker zu sein. Hegel, Schelling und Fichte studierten hier als Dreigestirn, Hermann Hesse verkaufte Bücher am Holzmarkt, Theodor Eschenburg und Carlo Schmid prägten den Staat der Bundesrepublik Deutschland mit und Hans Küng arbeitet noch heute für die »Stiftung Weltethos«.

Tübingen hat so über lange Zeit ein besonderes politisches und soziales Klima entwickelt, das die Stadt für eine Vorreiterrolle im Klimaschutz prädestiniert. Das hohe Bildungsniveau der Bevölkerung ist am leichtesten mit der Übergangsquote zum Gymnasium beschrieben, die bei 65 % liegt. Die niedrige Arbeitslosigkeit von 4 % zeugt von relativem Wohlstand. Für ökologische Fragestellungen ist die Bevölkerung sensibilisiert. Das drückt sich im Stadtbild durch Fahrräder an allen Ecken und in Wahlergebnissen der Grünen von über 30 % aus. Manchmal haben wir fast bayrische Verhältnisse: Als grüner OB-Kandidat erzielte ich nicht nur auf Anhieb eine absolute Mehrheit in der Gesamtstadt, sondern über 60 % in mehreren Wahlbezirken.

Wo, wenn nicht in Tübingen, könnte eine Bürgerbewegung für Klimaschutz erfolgreich sein? Mit dieser Frage ging ich 2006 in den OB-Wahlkampf und ab dem 11. Januar 2007 in das Tübinger Rathaus. Meine Antrittsrede vor mehr als 1000 Bürgerinnen und Bürgern widmete ich ausschließlich dem kommunalen Klimaschutz. Hier formulierte ich das wichtigste Ziel meiner Amtszeit: Tübingens Ausstoß an Treibhausgasen bis zum Jahr 2020 auf das klimaverträgliche Maß von drei Tonnen pro Kopf und Jahr zu verringern. Ich war selbst erstaunt, wie viel Zustimmung ich dafür erhielt. Die Zeit war offenbar reif. Also gingen wir ans Werk.

Im April 2008 starteten wir die Kampagne »Tübingen macht blau«. Zunächst rätselte die ganze Stadt, was damit gemeint sein könnte. Denn auf Plakaten, Litfasssäulen und Kinoleinwänden zog eine vor dem Hölderlinturm auf einem fetten grünen Rasen unter blauem Himmel entspannende junge Frau die Blicke auf sich, ohne dass ersichtlich wurde, wofür sie werben sollte. In Internetforen tippten die meisten Diskutanten auf einen PR-Gag für die blaue Altpapier-Tonne. Die Auflösung folgte am 26. April: »Tübingen macht blau – 10 % weniger CO_2 bis 2010«.

Den Slogan hatte eine Tübinger PR-Agentur entwickelt. Er gefiel uns von allen Vorschlägen am besten. Blau, das ist die Farbe des Klimaschutzes geworden. Blau steht für Kälte, zum Beispiel für gut isolierte Gebäudeteile in Thermografieaufnahmen. Der blaue Engel steht seit jeher für umweltfreundliche Produkte. In der heimischen Autoindustrie heißen die umweltfreundlichen Modelle »bluetec«, »bluemotion« und »blue efficiency«. Der Wasserkraftstrom der Stadtwerke Tübingen nannte sich bereits »bluegreen« und ein blauer Himmel symbolisiert gutes Wetter. Blaumachen ist irgendwie sympathisch, denn dabei lässt man es sich ja gut gehen und tut, was man selbst will. Andererseits bringt das Verb »machen« Aktivität und

Tübingen macht blau: das Kampagnenmotiv

Engagement in den Slogan. Das richtige Motto für eine freundliche Mitmach-Kampagne.

Zum Start der Kampagne fand in Tübingen ein Regionalmarkt statt. Die über 15 000 Besucherinnen und Besucher konnten bei strahlendem Sonnenschein – Glück braucht man auch – Produkte mit kurzen Transportwegen und guter Klimabilanz erwerben. Im historischen Sitzungssaal des Rathauses wurde ein Frühstücksbüfett aus biologischem Anbau aufgetischt. Am Rathaus flatterte ein Banner mit der Aufschrift »Tübingen isst klimafreundlich« und vor dem Rathaus verteilte der Oberbürgermeister 1000 Energiesparlampen.

Der Andrang war groß. Für die Aktion war nicht nur in den örtlichen Medien geworben worden. Jeder Haushalt hatte ein Faltblatt erhalten, das neben vielen Tipps zum Klimaschutz und der Erklärung der Kampagne »Tübingen macht blau« einen Gutschein für den Umtausch einer konventionellen Glühbirne gegen eine Energiesparlampe enthielt. Ich war selbst überrascht, wie schnell die Kisten mit den gebrauchten Glühbirnen sich füllten. Denn eigentlich spart jede Energiesparlampe ein Vielfaches ihres Preises an Stromkosten wieder ein. Es gäbe also sowieso genügend Anreize, die alten Birnen auszutauschen. Offensichtlich brauchen die Menschen dazu aber einen Anstoß.

Konzeptionell ruht die Klimaschutzkampagne auf vier Säulen, auf die Thema für Thema geschichtet wird. *Erste Säule*: Das gute Vorbild. Die Stadt macht vor, wie eine Idee funktioniert. *Zweite Säule*: Das Bündnis. Die Stadt geht auf lokale Akteure zu und entwickelt mit ihnen ein Aktionsprogramm. *Dritte Säule*: Die Kampagne. Die Idee wird mit originellen wie auch provokativen Elementen und dem Schwerpunkt auf Motivation und Aufklärung unter die Menschen gebracht. *Vierte Säule*: Erfolgskontrolle. Die Stadt entwickelt messbare Indikatoren für die Reduktion der CO_2-Emissionen und macht sie regelmäßig publik.

Als kleines Beispiel sei hier die Kampagne zum Umstieg auf Ökostrom erläutert.

Erstens: Das gute Vorbild. Schon im Sommer 2007 stellte die Stadtverwaltung Tübingen ihren eigenen Strombezug auf 100% Ökostrom um. Schulen, Kinderhäuser und Verwaltungsgebäude werden seither mit Strom aus reiner Wasserkraft versorgt.

Zweitens: Das Bündnis. Die Stadt warb weitere öffentliche Einrichtungen, die Vereinigung des Handels und die Tübinger Wirtschaft als Partner. Wer sein Ladengeschäft mit Ökostrom versorgte, konnte einen Kampagnenaufkleber ins Schaufenster platzieren: »Tübingen macht blau – wir sind dabei«.

Drittens: Die Kampagne. Im Faltblatt für alle Haushalte warben die Stadtwerke mit einem Coupon für den Umstieg auf Ökostrom. Die tausendste Ökostromkundin erhielt einen Preis. In nahezu jedem Grußwort bat ich das Publikum, einen Beitrag zum Klimaschutz zu leisten und einen Ökostromvertrag zu unterschreiben.

Viertens: Die Messung. Die Stadt veröffentlicht jeden

Monat die aktuellen Zahlen der Ökostromverträge in Tübingen. In meiner Neujahrsansprache im Januar 2007 hatte ich eine Verdoppelung der Kundenverträge als Ziel ausgegeben. Das ist gelungen. Und im Jahr 2008 hat sich die Zahl nochmals auf 3000 verdoppelt. Wenn bis 2010 insgesamt 4000 Haushalte auf Strom aus reiner Wasserkraft umgestiegen sind, würden wir im Bereich des Haushaltsstroms bereits das Kampagnenziel von 10 % weniger CO_2 erreichen. Und Tübingen wäre in seiner Größenklasse Deutschlandmeister bei der Zahl der Ökostromkunden. Solche Ziele verfolgt die Kampagne »Tübingen macht blau« mit einer Vielzahl von Aktionen und Handlungsvorschlägen.

Geteiltes Auto, ganze Mobilität

Seit dem Jahr 1998 lebe ich ohne eigenes Auto. Eine Tatsache, die mir immer wieder erstaunte, ungläubige und gelegentlich anerkennende Reaktionen einbringt. Wie das geht? Zugegebenermaßen nicht ohne Umstellungen. Öffentliche Verkehrsmittel verkehren zu festen Zeiten. Man kann das Auto nicht einfach stehen lassen und auf Bus oder Bahn umsteigen.

Deshalb ist die wichtigste Voraussetzung für klimafreundliche Mobilität ein Terminplan nach Fahrplan. Mein Sekretariat achtet bei jeder Terminvereinbarung darauf, dass die Anfangszeit zu meiner Ankunft per Rad, Bus oder Bahn passt. Ist das nicht der Fall, wird geschoben und gestreckt, bis es sich fügt. So können lästige Warte- und Leerzeiten im Tagesablauf vermieden werden. Die Fahrzeit im Zug sehe ich als Zeitgewinn, denn hier kann ich in Ruhe arbeiten – zum Beispiel am Manuskript für dieses Buch. Im Auto gelingt mir das nicht. Mir wird schlecht, sobald ich zu lesen beginne. Ohnehin würde das voraussetzen, dass ich einen Fahrer beschäftige. Eine Ausgabe, die ich der Stadt seit meinem Amtsantritt erspare. Auch mental muss man zu Veränderungen bereit sein. Zum Beispiel im Anzug Rad zu fahren, einen Schweißtropfen auf der Stirn nicht als Makel begreifen und mit »einfachen Bürgern« den Bus teilen können.

In Deutschland bin ich hauptsächlich mit der Bahn unterwegs. Rund 15 000 Kilometer kamen in meinem zweiten Amtsjahr als Oberbürgermeister zusammen. Als Landtagsabgeordneter brachte ich es auf 40 000 Bahnkilometer im Jahr. An zweiter Stelle steht mein Fahrrad mit etwa 5000 Jahreskilometern. Bus, Taxi und Straßenbahn bringen mich einige Hundert Kilometer im Jahr voran. Auch Fußwege und Laufsport summieren sich im Jahr auf eine solche Distanz.

Mit dem Auto habe ich 2008 etwa 1500 Kilometer dienstlich und 500 Kilometer privat zurückgelegt. Auch als Privatperson und ohne Dienstwagen bin ich die vergangenen zehn Jahre mobil geblieben, indem ich für die wenigen Fahrten, für die ich ein Auto benötigte, ein TeilAuto genutzt habe. Wenn man am Sonntag mit Kindern auf die Alb zum Skifahren will, wenn der Einkauf bei IKEA ansteht oder die kranke Oma chauffiert werden muss, sind Autos einfach nützlich. In solchen Fällen kann ich rund um die Uhr ein TeilAuto buchen und sofort starten.

TeilAuto ist in Tübingen ein eingetragener Verein. Leider hat sich als Überbegriff für solche Organisationen der Anglizismus »Carsharing« eingebürgert. Oft haben die Vereine aber halbwegs verständliche Namen wie »StadtAuto« oder »StadtMobil« gefunden. Auch die Deutsche Bahn bietet mittlerweile an vielen Bahnhöfen Carsharing an.

Die Idee ist simpel: Wer Mitglied einer TeilAuto-Organisation ist, hat Zugriff auf einen Fahrzeugpool, der zentral beschafft, gewartet und bezahlt wird. Wer ein Auto nutzen will, kann per Internet oder Telefon jederzeit erfragen, welches Auto frei ist, und ein Zeitfenster reservieren. Mit Chipkarte oder Zentralschlüssel bekommt man Zugang zum Auto oder zum Autoschlüssel. Einsteigen, losfahren.

Für mich ist diese flexible Form der Autonutzung geradezu ideal. Ich bezahle für das Auto nur nach Zeit und Kilometern, also wenn ich es tatsächlich brauche. Die teure Abschreibung, die Versicherungen, die Reparaturen, all diese Kosten teile ich mir mit anderen, die dasselbe Auto nutzen, wenn ich es nicht brauche. Dadurch ist ein Teil-

Auto unschlagbar billig. Während schon ein Mittelklassewagen nach den gängigen ADAC-Tabellen für den Halter 500 Euro Kosten im Monat verursacht, komme ich mit demselben Betrag für das TeilAuto locker durch das ganze Jahr, ohne auf irgendetwas zu verzichten. Im Gegenteil, Reparaturen, Wartung, den ganzen Ärger mit Versicherungen, Anmeldung und Steuern nimmt mir TeilAuto als Service-Dienstleister ab. Und ohne selbst ein Auto zu kaufen, fahre ich immer in neuen Fahrzeugen. Der Altersdurchschnitt der Flotte liegt unter drei Jahren.

In Tübingen ist TeilAuto sehr erfolgreich. Mittlerweile teilen sich 25 Nutzer ein Fahrzeug. Direkt vor meiner Haustür ist eine Station mit drei TeilAutos vom Smart bis zum Familienvan. In fußläufiger Entfernung kann ich zwischen sieben Autos wählen, mit dem Rad erreiche ich in zehn Minuten Fahrzeit 25 Fahrzeuge. Eines ist immer frei, auch wenn ich ganz spontan ein Auto brauche.

TeilAuto ist aber nicht nur bequemer und billiger als das eigene Auto, sondern auch umweltfreundlicher und stadtverträglicher. Im Durchschnitt kommen in Deutschland auf 1000 Einwohner 600 PKW. 1000 TeilAuto-Nutzer benötigen hingegen nur 40 PKW. Sie ersparen damit der Umwelt alle Belastungen aus der Produktion von 560 Autos.

Dasselbe Bild ergibt sich im Betrieb: TeilAutos sind wesentlich jünger und emissionsärmer als der Flottendurchschnitt in Deutschland. Ein Tübinger TeilAuto stößt im Durchschnitt 120 g CO_2 pro Kilometer aus. Der Vergleichswert für die deutsche Fahrzeugflotte liegt noch immer bei 170 g CO_2 pro Kilometer.

Wer TeilAuto nutzt, fährt aber auch weniger Auto und mehr mit den noch weitaus umweltfreundlicheren öffentlichen Verkehrsmitteln. Denn wer ein Auto gekauft hat, muss viel fahren, damit sich die Anschaffung lohnt. Wer umgekehrt kein Auto gekauft hat, fährt billiger und besser mit Bus und Bahn. Das senkt den Klimaschaden durch Mobilität nochmals deutlich ab.

Weniger Autoverkehr bedeutet weniger Lärm und Dreck in den Straßen einer Stadt. Fast noch schlimmer als der Autoverkehr selbst wirkt sich auf die Gestalt unserer Städte aber der Stellplatzbedarf aus. Öde Parkflächen und hässliche Parkhäuser verunstalten Innenstädte, Veranstaltungszentren und Gewerbegebiete. Carports, Straßenparkplätze und Doppelgaragen machen aus Wohnstraßen unwirtliche Abstellräume. Wie viel schöner könnten unsere Städte aussehen, wenn nicht überall ungenutzte Autos herumstehen müssten!

Genügend gute Gründe also, TeilAuto in der Tübinger Klimaschutzkampagne eine herausgehobene Stellung zu geben. Im November 2007 konnte ich der tausendsten Nutzerin öffentlichkeitswirksam einen Blumenstrauß übergeben. Bei dieser Gelegenheit formulierte ich das Ziel, Tübingen den Platz eins in der TeilAuto-Nutzung in ganz Deutschland zu verschaffen und bis 2010 die Anzahl der Mitgliedschaften auf 2000 zu verdoppeln.

Im Rahmen der Klimaschutzkampagne führten wir Schnupperwochen durch, in denen auf die ansonsten fällige Kaution und Grundgebühr verzichtet wurde. Die Stadtverwaltung selbst nutzt vermehrt TeilAutos für Dienstfahrten. Den OB-Parkplatz am Rathaus, den früher der Mercedes ganz für sich benötigt hatte, teilen sich nun ein

TeilAuto und der OB-Smart. Der Stadtverkehr Tübingen entwickelte ein Kombinationspaket »TüBus und TeilAuto« aus einer Hand, das gegenseitig rabattierte Fahrpreise vorsieht. Am Heck der TeilAutos prangt deutlich sichtbar der Kampagnen-Aufkleber »Tübingen macht blau«.

Für viele TeilAuto-Organisationen ist mittlerweile der Mangel an geeigneten und attraktiven Stellplätzen das Hauptwachstumshindernis. Ein TeilAuto sollte von vielen Nutzern schnell erreichbar sein und im öffentlichen Raum

auffallen. Besonders an Bahnhöfen und Knotenpunkten des öffentlichen Verkehrs sind TeilAuto-Stellplätze wichtig.

Leider ist es für die Städte noch sehr schwierig, solche Stellplätze anzubieten. Die Bundesgesetzgebung erlaubt bisher das Ausweisen von Taxistandplätzen und Busspuren, für TeilAutos kennt die Straßenverkehrsordnung eine solche Vorschrift leider nicht. Auf Straßen und Plätzen sind TeilAuto-Stellplätze unzulässig! Ein Anachronismus, den die Länderverkehrsminister seit zwei Jahren durch Beratungen aufrechterhalten, obwohl die Bundesregierung bereits beschlossen hat, den Kommunen eine entsprechende Kompetenz zuzuweisen.

Man muss sich also mit Tricks behelfen. Zum Beispiel kann die Stadt eine Straßenteilfläche »einziehen«. Sie wird dann vom öffentlichen Straßenraum zum privaten Eigentum der Stadt, das sich an einen TeilAuto-Verein vermieten lässt. Leider ist ein solches Entwidmungsverfahren extrem aufwendig. Es wäre also zu wünschen, dass die Straßenverkehrsordnung den Kommunen ein einfacheres Instrument zur Förderung des Autoteilens an die Hand geben würde.

Im Dezember 2008 waren in Tübingen 1200 Menschen Mitglied bei TeilAuto. Das entspricht 150 Mitgliedern bei TeilAuto auf 10000 Einwohner. In Deutschland ist Tübingen damit nach Karlsruhe bereits auf Platz zwei. Eine Marktquote von unter 1,5 % ist aber immer noch erschreckend gering. Offensichtlich sind wir über Jahrzehnte so darauf programmiert worden, Automobile zu erwerben und zu besitzen, dass nur eine Avantgarde die offensichtlichen Vorteile einer gemeinschaftlichen Nutzung erkennt. Das Statussymbol Automobil ersetzen diese Vorreiter durch einen progressiven Lebensstil mit betont ökologischer Verantwortung.

Das Konzept des Autoteilens ist ein Paradebeispiel einer ökologisch und ökonomisch vorteilhaften Innovation, die sich ohne gesellschaftlichen Fortschritt nicht durchsetzen kann. Was Geld spart und die Umwelt schützt, wird häufig erst etabliert, wenn ein Mentalitätswandel kollektive Verhaltensänderungen ermöglicht.

Besonders gespannt bin ich deshalb auf die Ergebnisse eines Versuchs, den Daimler leider in Ulm und nicht in Tübingen gestartet hat: Im Stadtgebiet werden 50 Smarts auf attraktiven Stellplätzen für spontane Buchung per Handy bereitgestellt. Das Prinzip ist ähnlich wie TeilAuto, nur ist jetzt der Automobilhersteller selbst der Anbieter einer Mobilitätsdienstleistung ohne Eigentum am Fahrzeug. Wenn das Experiment glückt, wird das nicht nur das Geschäftsmodell der Fahrzeughersteller grundlegend verändern. Autoteilen kann das Gesicht unserer Städte dramatisch zu deren Vorteil umgestalten. Wie schön eine Stadt sein kann, wenn bei ihrer Planung keine Autos zu berücksichtigen sind, kann man in der Tübinger Altstadt bestens studieren.

Blaue Autos mit dem Tübinger Klimapass

Am 7. April 2007 meldete Spiegel Online unter der Überschrift »Tiefensee will Klimapass« folgende Neuigkeit: »Vorbild Kühlschrank: Verkehrsminister Tiefensee will noch in diesem Jahr einen verpflichtenden Klimapass für

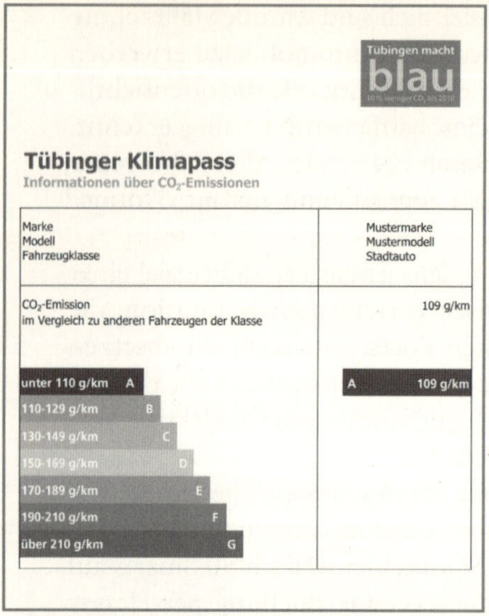

Der Tübinger Klimapass macht CO_2-Werte auf einen Blick verständlich

alle Neufahrzeuge einführen. Darauf soll der Käufer sofort erkennen, ob das neue Auto umweltfreundlich ist.« Der Minister wurde wie folgt zitiert: »Ich schlage vor, dass die Autohändler so über die Umweltfreundlichkeit informieren müssen, wie wir es vom Kühlschrank kennen: mit einem deutlich sichtbar angebrachten Klimapass. Grün heißt sehr wenig CO_2, Gelb bedeutet mittel, und Rot weist auf einen sehr hohen CO_2-Wert hin.«

Ein wenig erinnerte mich das Farbenspiel schon vom Start weg an jenen Otto-Witz über das ostfriesische Dorf, das jetzt auch eine Ampel bekommen werde und die Farben schon ausgesucht habe. Und tatsächlich ist seit der Ankündigung nichts mehr passiert. Der Klimapass des Bundesverkehrsministers war nur heiße Luft. Ein bekanntes Phänomen im Berliner Politikbetrieb. Es reicht, wenn man in einer Debatte vorkommt. Danach verlässt man sich auf das kurze Gedächtnis der Öffentlichkeit.

Die Idee an sich war in diesem Fall aber zu gut, um sie in der Versenkung verschwinden zu lassen. Deshalb machte ich mich daran, sie selbst umzusetzen. Am Rathaus-PC entwickelte ich ein simples Schema zur farblichen Kennzeichnung nach dem Kühlschrank-Vorbild. Aus den Daten erstellte die Öffentlichkeitsabteilung eine Exceltabelle für die Produktion eines fahrzeugspezifischen Klimapasses. Mit diesem Angebot gingen wir auf die Autohäuser in der Stadt zu. Und siehe da, fast alle machten mit.

Der Klimapass ist für Autohäuser ganz einfach zu handhaben. Die Stadt bietet ihnen ein einfaches Programm an, in das sie nur noch die Fahrzeugkategorie, Marke, Modell und den CO_2-Ausstoß des Wagens eintragen müssen. Auf einer Farbskala wird die CO_2-Emission des Wagens eingetragen. Beim Tübinger Klimapass ist nicht Grün, sondern Dunkelblau die beste Energieklasse, über hellblau und gelb wird die Farbe mit steigendem Klimaschaden schließlich tiefrot. Daraus generiert das Programm dann automatisch den passenden Klimapass.

Minister Tiefensee hatte sogar mit seinem nie verwirklichten Vorhaben Kritik der deutschen Umwelthilfe auf sich gezogen. Denn nach seinem Vorschlag sollte für die Kennzeichnung nicht der CO_2-Ausstoß, sondern auch die Nutzlast eine Rolle spielen. Damit hätten die berüchtigten Geländewagen trotz enormen Spritverbrauchs grüne Klimapässe erhalten können. Der Tübinger Klimapass vermeidet diese Nachteile und stuft die Anforderung an den CO_2-Ausstoß nicht nach Nutzlast ab, sondern nach Nutzen. Für kleine Stadtflitzer wie den Smart sind die Werte am schärfsten, für Familienautos mit vielen Sitzen am lockersten. So können sich die Käufer ein Bild davon machen, welche Autos in der Fahrzeugklasse, die sie benötigen, die besten CO_2-Werte aufweisen.

Um den Klimapass gleich von Beginn an bekannt zu machen, nutzte ich das immer noch erstaunlich große Interesse an meinem Dienstwagen für eine Pressekonferenz. Gemeinsam mit dem Umstieg von Toyota auf Smart präsentierte ich den ersten Klimapass in Deutschland. Der Smart mhd schafft es mit 103 g CO_2 pro Kilometer, die Bestfarbe Dunkelblau zu erhalten, die für kleine Stadtautos ab 110 g vergeben wird. Der gleichzeitig vorgestellte Polo blue motion, den der Erste Bürgermeister Michael Lucke nun fährt, kommt sogar auf 99 g.

Die Mitarbeiter und Inhaber der Tübinger Autohäuser berichten von positiven Effekten des Klimapasses. Viel häufiger als früher werde nun in Verkaufsgesprächen das Thema Klimaschutz aufgegriffen. Angesichts der absehbaren Umstellung der Kfz-Steuer auf CO_2-Basis seien die Kunden an der Information des Klimapasses zusätzlich interessiert. Zwar bleibe der Klimapass nur ein Kaufkriterium unter vielen, aber wenn die übrigen Bedingungen eine Entscheidung schwer machen, dann gebe der CO_2-Wert dank dem Klimapass eine gute Orientierung und häufiger den Ausschlag.

Damit sichtbar wird, wie blau Tübingen beim Autokauf macht, hat die Stadtverwaltung eine Kooperation mit dem Landratsamt angestoßen. Dort ist die Zulassungsstelle für Kraftfahrzeuge beheimatet. Seit Jahresbeginn 2008 werden dort die Neuzulassungen nach ihrem CO_2-Wert erfasst. Wenn der Klimapass eine Wirkung entfaltet, müsste man an diesen Daten erkennen können, dass die Tübinger mehr klimafreundliche Neuwagen kaufen als der Durchschnitt der Deutschen. Wer sich dafür interessiert, ob das Experiment Früchte trägt, findet die Werte aktuell und in der zeitlichen Entwicklung auf der Kampagnenseite tuebingen-macht-blau.de.

Kühlschränke auf der Stromrechnung und Heizen auf Pump

Sie müssen ja nicht so weit gehen wie ich: Mein Kühlschrank ist seit vier Jahren aus. Im Winter lassen sich Frischprodukte gut auf dem Balkon lagern. Im Sommer kaufe ich nur ein, was gleich verzehrt werden kann. Der Wochenmarkt vor dem Rathaus macht es möglich. Trotzdem sollten Sie Ihren Kühlschrank einmal genauer unter die Lupe nehmen.

Bei Kühl- und Gefriergeräten ist die Kennzeichnung des Energieverbrauchs schon seit Ende der 90er-Jahre Standard. Das hat einerseits zu großen Fortschritten in der Energieeffizienz geführt. In der von A (beste Klasse) bis G reichenden Skala wird heute kaum noch ein Gerät verkauft, das schlechter als B eingestuft ist. Andererseits wurde die Klassifizierung am Stand der Technik vor 15 Jahren ausgerichtet. Deshalb erhält heute ein Kühlschrank noch die Stufe A, obwohl er fast doppelt so viel Strom verbraucht wie die besten vergleichbaren Geräte auf dem Markt. Es wäre eigentlich an der Zeit, die ganze Skala neu zu eichen.

Vorerst muss man sich mit den neu eingeführten Zusatzstufen A+ und A++ behelfen. Ein Kühlschrank mit 260 Litern Fassungsvermögen und einem Gefrierfach benötigt im Jahr nach Berechnungen der deutschen Energieagentur 307 kWh Strom im Jahr. Das beste Gerät der Klasse A++ kommt dagegen mit nur 181 kWh im Jahr aus. In Euro heißt das: Der neue Kühlschrank der Klasse A kostet 60 Euro Strom im Jahr, der Kühlschrank der Kategorie A++ hingegen nur 36 Euro. Mit der Ersparnis von 24 Euro im Jahr ist der Mehrpreis beim Kauf weitgehend finanziert.

Noch mehr lässt sich sparen, wenn ein alter Kühlschrank der Klassen B, C oder gar D bis G ausgetauscht wird. Ein 20 Jahre altes Gerät benötigt viermal mehr Strom als ein Topgerät aktueller Produktion und verursacht mehr zusätzliche Stromkosten als die Finanzierung eines neuen Kühlschrankes. Schon ein zehn Jahre alter Kühlschrank verbraucht doppelt so viel Strom wie ein hocheffizientes Neugerät. Damit es in der Welt außerhalb der Kühlschränke nicht zu heiß wird, sollten also zügig Geräte in Dienst gestellt werden, die drinnen mit wenig Energie für kühle Temperaturen sorgen.

Die Stadtwerke Tübingen haben es sich zur Aufgabe gemacht, diese Entwicklung voranzutreiben. Ich schlug der Geschäftsführung Ende 2008 ein Modell für Kühlschrankkauf auf Stromrechnung zur Prüfung vor. Die Idee ist einfach: Der Kühlschrank taucht schon jetzt auf der Stromrechnung auf, nur sieht man das nicht. Wer weiß schon, welchen Anteil an der Stromrechnung des vergangenen Jahres der Kühlschrank hatte? Der Wert ist recht hoch, weil der Kühlschrank das ganze Jahr in Betrieb ist – nach einer Faustregel verursachen Kühlschrank und Gefriertruhe zusammen ein Fünftel des Haushaltsstromverbrauchs. Mit dem Kühlschrankkauf auf Stromrechnung wird dieser Wert sichtbar gemacht und zur Finanzierung eines neuen Kühlschranks verwendet.

Das funktioniert so: Die Stadtwerke bieten an, beim Ablesen des Stromzählers auch die Kühlgeräte im Haushalt aufzunehmen. Anhand des Typs wird ermittelt, wie viel Strom das Gerät im Regelbetrieb verbraucht und welche Stromkosten das nach sich zieht. Ist der Kühlschrank ein Stromfresser und benötigt mehr als doppelt so viel Energie wie nach dem Stand der Technik, bieten die Stadtwerke an, ihn sofort durch ein Hocheffizienzgerät zu ersetzen. Bezahlen kann der Kunde mit den Stromrechnungen der folgenden zehn Jahre. Auf diesen wird die errechnete Stromeinsparung separat in kWh und Euro ausgewiesen. Genau dieser Betrag wird zur Finanzierung des neuen Kühlschranks eingesetzt. Wer dieses Angebot annimmt, hat also einen neuen Kühlschrank und zahlt dafür nicht mehr als für den alten.

Beratung, Lieferung und Einbau übernehmen ausgewählte Partnerbetriebe aus Tübingen. Als Erster hat die Firma Elektro Kürner sich zur Mitwirkung bereit erklärt. Ein klassischer Fachhändler aus dem Mittelstand, der dem Druck der großen Elektromärkte erfolgreich Paroli bietet. Wie viel Beratung bewirken kann, dokumentiert eindrucksvoll die Statistik, wonach die Firma Kürner im Jahr 2008 bereits jeden dritten Kühlschrank als Gerät der Kategorie A++ verkauft hat. Im Durchschnitt lag der Wert in Deutschland noch bei unter 5 %!

Wie erfolgreich das Projekt »Kühlschrank auf Stromrechnung« ist, wird man auf der Kampagnenseite »Tübingen macht blau« im Internet ablesen können. Ich bin selbst gespannt, ob und wie sich die Stadtwerke als Stromsparpartner in der Küche bewähren.

Theoretisch ließe sich dieses Finanzierungsmodell auf viele weitere elektrische Geräte ausdehnen. Die deutsche Energieagentur hat auf stromeffizienz.de im Internet eine umfangreiche und stets aktuelle Informationssammlung zu sparsamen Elektrogeräten bereitgestellt. Ein moderner Geschirrspüler spart gegenüber einem Modell aus den 90er-Jahren etwa 30 Euro pro Jahr, eine Waschmaschine 35 Euro für Strom und Wasser. Am schnellsten rechnen sich aber nicht Geräte aus der (Wasch-)Küche, sondern aus dem Keller. Deshalb starten die Stadtwerke in ihre Zukunft als Energiesparversorger mit der Heizungspumpe.

Den Kühlschrank kennt jeder, aber was ist eine Heizungspumpe? Wer nicht mehr mit Kohle oder einem Gasofen in der Wohnung heizt, sondern die Wärmestrahlung gerippter weißer Heizkörper im Zimmer genießt, findet die Heizungspumpe im Keller. Denn üblicherweise steht dort heutzutage ein Kessel, dessen Wärmeleistung durch Wasser zu den Heizkörpern transportiert wird. Damit das Wasser im Kreislauf vom Kessel zum Heizkörper und zurück gelangt, wird eine Pumpe eingesetzt. Und diese Heizungspumpe benötigt natürlich Strom. Fast ein Zehntel der Stromrechnung eines Durchschnittshaushaltes geht auf dieses unscheinbare Gerät in der Größe einer Honigmelone zurück.

Bei Kühlschränken wurden in den vergangenen zehn Jahren durchaus erhebliche Fortschritte in der Effizienz erzielt. Maßgeblich dafür waren aber vor allem bessere Dämmtechniken, also ein recht kontinuierlicher Fortschritt. Bei den Heizungspumpen gab es hingegen einen Technologiesprung, der auf einen Schlag 70 % des Stromverbrauchs eingespart hat.

Die klassische Heizungspumpe ist ein sehr robustes Gerät, das Wasser im Heizkreislauf ständig umwälzt, ganz gleich, ob dies für die aktuell angeforderte Heizleistung nötig ist oder nicht. Moderne Hocheffizienzpumpen erkennen hingegen, welche Wärmeleistung erforderlich ist, und stellen die Pumpleistung darauf ab. Damit kann die Pumpe oft mit geringer Kraft arbeiten und entsprechend viel Energie einsparen.

Trotz dieser offenkundigen Vorteile werden selbst heute noch ungeregelte Pumpen in großer Zahl in Heizungskellern installiert. Der Grund ist trivial: Eine Hocheffizienzpumpe kostet 300 bis 400 Euro in der Anschaffung, eine ungeregelte Pumpe ist schon für 100 Euro zu haben. Da spart so mancher Bauherr, ohne zu wissen, welche Folgekosten er sich damit einhandelt. Denn im Stromverbrauch ist die ungeregelte Pumpe leicht 50 Euro pro Jahr teurer als die hocheffiziente. Schon nach vier bis fünf Jahren hat sich damit die scheinbar teure energiesparende Pumpe bezahlt gemacht.

Deshalb sollen die Monteure der Stadtwerke nun auch in die Heizungskeller gehen. Treffen sie auf eine ungeregelte Pumpe, was leider die Regel ist, dann bieten sie dem Kunden an, diese zu tauschen und die Kosten auf die Stromrechnung zu setzen. Einfacher geht es nicht.

Die ersten 200 Pumpen sind bereits geordert. Denn wie nicht anders zu vermuten war, befanden sich in den Kellern der städtischen Gebäude so gut wie ausschließlich veraltete Heizungspumpen. Für deren Austausch sind 130 000 Euro im städtischen Haushalt angesetzt. Die Techniker haben errechnet, dass diese Kosten durch jährliche Einsparungen von 30 000 Euro schon in vier Jahren zurückfließen werden. Mit jedem weiteren Jahr spart die Stadt bares Geld. Warum also warten?

Wenn das Modell erfolgreich ist, kann Tübingen sich künftig auch die Stadt mit den intelligentesten Pumpen nennen. Sicher nicht von Nachteil für eine Stadt des Geistes und der Wissenschaften!

Einfach mal abschalten 67

Aus ist aus. Sollte man zumindest meinen. Doch so einfach ist es nicht, zumindest bei Elektrogeräten: Ausgeschaltete Monitore, Computer, Mäuse, Drucker, Faxgeräte, Ladegeräte oder Unterhaltungselektronik verbrauchen auch Strom, wenn nichts passiert.

Technisch erklärt sich das aus dem Erfordernis, die Netzspannung von 220 Volt auf die wesentlich geringere Spannung von Akkumulatoren und Elementen der Prozessor- und Speichertechnik zu transformieren. Das geschieht mit stromdurchflossenen Spulen und elektromagnetischer Induktion. Eine Spule ist dabei mit dem Stromnetz verbunden, die andere mit den elektronischen Elementen des Gerätes. Der Ausschalter der meisten Elektrogeräte trennt nur die elektronischen Bausteine von der zweiten Transformatorenspule. Die netzseitige Spule bleibt mit der Steckdose verbunden und deshalb in Kontakt mit den Kraftwerken.

Weil unser Stromnetz mit Wechselstrom und nicht mit Gleichstrom betrieben wird, weil also der Strom gewissermaßen ständig pulsiert und die Ladungsträger pro Sekunde 50-mal hin- und hergeschoben werden, fließt auch in der Transformatorenspule beständig Strom hin und her. Dieser sogenannte Blindstrom erfordert leider auch im Kraftwerk eine kleine, aber kontinuierliche Leistung, weil die

Spule einen Widerstand ausübt, der überwunden werden muss.

Am leichtesten kann man dieses Phänomen an einem externen Ladegerät erkennen, wie es Laptops und Mobiltelefone benötigen. Diese Geräte werden warm, wenn man sie einsteckt, auch wenn der Akku des Handys voll geladen oder gar keines angeschlossen ist.

Nun werden Sie vielleicht denken, Leerlaufverluste seien ein exotischer Effekt, den man vernachlässigen kann. Folgende Rechnung zeigt, dass Kleinvieh auch im Strombereich viel Mist macht: Die Leistungsaufnahme der abgeschalteten Geräte eines üblichen Büroarbeitsplatzes liegt in der Größenordnung von 10 Watt. Wenn dieser Arbeitsplatz 1700 Stunden im Jahr genutzt wird – das entspricht einer 41-Stunden-Woche mit Überstunden –, dann sind die Geräte 7000 Stunden im Jahr aus und werden nicht benötigt. In dieser Zeit verbrauchen sie aber 70 Kilowattstunden (7000 h mal 0,01 kW). Das kostet etwa 15 Euro im Jahr und verursacht einen Jahresausstoß von 35 Kilogramm CO_2.

Und nun müssen wir diesen Wert mit mehreren Hundert Millionen Elektrogeräten multiplizieren. So wird schnell plausibel, warum drei Kernkraftwerke in Deutschland rund um die Uhr nur den Strom produzieren, den abgeschaltete Elektrogeräte zum Heizen ihrer Transformatorspulen benötigen!

In der Stadtverwaltung Tübingen haben wir diesen heimlichen Stromdieben das Handwerk gelegt. An den über 600 Büroarbeitsplätzen sind mittlerweile Mehrfachsteckerleisten mit einem simplen Ausschalter installiert. Der Unterschied zu den Ausknöpfen der Elektrogeräte: Dieser Schalter trennt alle angeschlossenen Geräte einschließlich der Transformatoren vollständig vom Netz. Es fließt kein Strom mehr. Das Atomkraftwerk kann pausieren.

Durch diese Maßnahme sparen wir nun gut 40 000 kWh

Strom im Jahr. Das entspricht immerhin dem Verbrauch von knapp 30 Single-Haushalten. Und es kostet nichts außer einem Knopfdruck am Beginn und am Ende des Arbeitstages. Die Anschaffungskosten von fünf Euro für eine Steckerleiste sind schon nach einem halben Jahr durch vermiedene Stromkosten refinanziert.

Büroarbeitsplätze gibt es in einer Universitätsstadt in großer Zahl. Deshalb versuchen wir nun, weitere Arbeitgeber zum Abschalten zu bewegen. Dabei hilft uns ein mittelständisches Unternehmen, das im Tübinger Stadtteil Pfrondorf seit 50 Jahren Elektroinstallationstechnik vertreibt. Die Marke Brennenstuhl gilt als der »Mercedes der Kabeltrommel«. In jüngerer Zeit ist die Entwicklung energiesparender Geräte einer ihrer Schwerpunkte geworden. Tübingen und Brennenstuhl wollen nun gemeinsam qualitativ hochwertige Energiespartechnik bei den örtlichen Arbeitgebern anbieten und für Klimaschutz auf Knopfdruck werben. Ich hoffe, dass wir damit mehrere Tausend Büroarbeitsplätze nachrüsten können. Die erste große Lieferung ist bereits beim städtischen Umweltbeauftragten eingegangen.

In Privathaushalten sind die Einsparpotenziale pro Kopf oft noch größer als am Arbeitsplatz. Hier werden häufig ältere Geräte eingesetzt, auf den Energieverbrauch hat kaum jemand beim Einkauf geachtet, einen Umweltbeauftragten haben die wenigsten Privathaushalte. Deshalb ist es unser Ziel, im Elektrofachhandel für das Stromsparen mit Steckerleisten zu werben. Die Stadtwerke Tübingen machen auf diese Möglichkeit in ihrem Kundenmagazin aufmerksam. Die blaue Steckerleiste kommt in den Grußworten des Oberbürgermeisters als einfachste Möglichkeit, das Klima und den Geldbeutel sofort und effektiv zu schonen, immer wieder vor.

Das Problem Stromverschwendung inaktiver Elektrogeräte wird durch Stand-by-Verluste noch viel größer. Ein dunkler Monitor, der eine Stunde darauf wartet, wieder aktiviert zu werden, benötigt allein schon 20 Wattstunden – ineffiziente Geräte benötigen auch Leistungen von mehr als 100 Watt. Eine DSL-Anlage oder ein WLAN liegen ebenfalls in der Größenordnung von 20 Watt Leistungsaufnahme. Wenn diese Geräte auch in Betrieb sind, während die Nutzer der Arbeit außer Haus nachgehen oder schlafen, steigt die Stromrechnung massiv. Das Umweltbundesamt hat ermittelt, dass ein durchschnittlicher Haushalt 70 Euro pro Jahr nur für Stand-by- und Leerlaufverluste zahlt. Das entspricht fast 10% der Jahresrechnung und lässt sich komplett einsparen.

Wenn also alle Tübinger Haushalte schaltbare Steckerleisten für ihre Elektrogeräte anschaffen würden, dann könnten wir im Strombereich das Ziel »10% weniger CO_2 bis 2010« schon durch diese Maßnahme erreichen. Und mit der Einsparung könnten sich alle Haushalte die Mehrkosten eines Ökostromtarifs von etwa 5% sofort leisten. Ein Beispiel, das sehr plastisch zeigt, wie viel wir für den Klimaschutz erreichen könnten, wenn wir vorhandene Technik sinnvoll und systematisch einsetzen würden.

Wenn das Eis schmilzt

Angela Merkel ist uns als Klimakanzlerin durch ein Foto vor den grönländischen Gletschern im Gedächtnis. Ein sehr einprägsames, gut gewähltes Bild. Der Klimawandel hat unterschiedlich gravierende Folgen. Das Abschmelzen des grönländischen Eispanzers verbunden mit einem Meeresanstieg von sechs Metern gehört zu den absoluten Horrorszenarien. Dies zu verhindern ist eine Mindestanforderung an die Klimaschutzpolitik des 21. Jahrhunderts.

Ein Ausflug nach Grönland empfiehlt sich für einen Oberbürgermeister eher nicht im Rahmen einer Klimaschutzkampagne. Deshalb haben wir das Eis nach Tübingen geholt, einen Block mit einem Gewicht von genau einer Tonne. Dieser Eisblock wurde in der Tübinger Altstadt aufgestellt und in ein Holzhaus gepackt. Das Haus hatten Tübinger Zimmerleute aus heimischen Hölzern eigens hergestellt und dabei einen modernen Dämmstandard passend zu einem KfW-40-Energiesparhaus verwendet. So wollten wir anschaulich machen, wie hochwertig heute gängige Wärmeisolation ist.

Das Haus in zentraler Altstadtlage wurde abgeschlossen und mit Informationstafeln versehen. Nun konnten Passanten einen Tipp abgeben: Wie viel Eis wird noch vorhanden sein, wenn das Haus in vier Wochen geöffnet wird? Die Resonanz war überwältigend. Über 2100 Tippzettel wurden registriert und ausgewertet. Die attraktiven Preise, die wir ausloben konnten – vom köstlich gefüllten Hocheffizienzkühlschrank über die Jahreskarte für die Tübinger Bäder bis zum Energiesparkurs bei einer Fahrschule –, waren offensichtlich für viele ein Grund zum Grübeln. Die meisten Tipps lagen bei über 80%. Es ist mittlerweile durchaus bekannt, wie effektiv Dämmsysteme sein können.

Wir öffneten das Haus nach dem Tübinger Stadtlauf am 14. September 2008. Dieser Sonntag ist einer der Höhepunkte im Tübinger Jahreskalender, weil der Stadtlauf mit dem umbrisch-provenzalischen Markt und offenen Geschäften verbunden ist. Als das Geheimnis gelüftet wurde, standen an die 300 Schaulustige dabei.

Mit 58% Restmasse war das Ergebnis der Tübinger Eisblockwette im Vergleich zu ähnlichen Versuchen in anderen Städten im Land eher schwach. Häufig sind bei der Eisblockwette noch an die 90% des Eises erhalten. Wir hatten aber bewusst einen Dämmstandard gewählt, der heute auch mit einer üblichen Sanierung erreicht werden kann, und nicht das technische Maximum, das in sogenannten Passivhäusern zur Anwendung kommt.

Dennoch: Wären alle Tübinger Häuser so gut gedämmt wie das Schutzhäuschen für unseren Eisblock, dann könnten wir alleine damit den CO_2-Ausstoß in Tübingen um etwa 20% reduzieren. Denn hätte das Häuschen so viel Wärme durchgelassen wie ein Tübinger Durchschnittshaus, dann wäre nichts mehr von dem Eisblock übrig geblieben. Ich hoffe und glaube, dass viele Tübingerinnen und Tübinger die Anregung mitgenommen haben, selbst etwas zum Schutz der Eisberge zu unternehmen.

Die Dächer werden blau

Als Solarkommune hat Tübingen sich bislang leider keinen Namen gemacht. Städte wie Freiburg und Marburg haben früher und intensiver daran gearbeitet, die Energie von der Sonne einzufangen. Entsprechend deprimierend fiel der Blick in die Solarbundesliga, das Ranking der Solarkommunen in Deutschland, aus: Tübingen rangierte dort Anfang 2008 etwa auf Platz 800.

Interessant ist daran, dass sich in dieser Platzierung eine kommunalpolitische Weichenstellung der 90er-Jahre exakt ablesen lässt. Während damals vielerorts kommunale Förderprogramme für Solarenergie aufgelegt wurden, lehnte der Geschäftsführer der Stadtwerke Tübingen das wegen der hohen Kosten des Solarstroms rundweg ab.

Nun trifft es zweifellos zu, dass die Fotovoltaik in unseren Breiten mit Abstand die teuerste Form der Stromerzeugung ist. Andererseits könnte sogar auf den Dachflächen in Deutschland ein Viertel des Strombedarfs produziert werden. Auf lange Sicht und im globalen Maßstab betrachtet wird die Sonne unsere wichtigste Energiequelle werden. Das bewahrheitet sich schon heute und entsprechend erfolgreich sind die deutschen Hersteller von Solaranlagen im Export.

Für Privatleute kann sich eine Fotovoltaik-Anlage auf dem Dach durchaus rechnen. Dank der Förderung aus dem Erneuerbare-Energien-Gesetz und den günstigen Krediten der KfW-Bank des Bundes sind Renditen von bis zu 8 % erzielbar. Das entspricht sogar den Anforderungen, die Stadtwerke an ihre Investitionen stellen müssen. Man könnte das zwar auch als Überförderung ansehen, aber hier gilt für eine Fotovoltaik-Anlage dasselbe Argument wie für ein Kohlekraftwerk: Die Politik bestimmt, was sich rechnet, und wenn mit Solarstrom Geld zu verdienen ist, gibt es keinen vernünftigen Grund, darauf zu verzichten.

Mit diesem Gedanken konnte ich bei Unternehmern in Tübingen durchaus landen. In Gesprächen über Baugenehmigungen und Grundstücksverkäufe regte ich häufig an, Fotovoltaikanlagen auf den Gebäuden von Beginn an einzuplanen. Der Medizintechnikhersteller Erbe und der Hartmetallverarbeiter Paul Horn, die beide im Jahr 2008 ein neues Firmengebäude fertigstellten, ließen es sich nicht nehmen, ihre Dächer blau zu färben. Fast 100 kW Fotovoltaikleistung installierten sie auf den bestens geeigneten neuen Dächern. Im Frühjahr 2009 wird eine weitere Anlage ähnlicher Größe auf dem Neubau des Maschinenbauers Himmelwerk entstehen.

Die Zeitungs- und Fernsehberichte vom grünen Oberbürgermeister, der Firmen auf das blaue Dach steigt, sorgten dafür, dass ich sogar eine Einladung zur Einweihung einer Anlage erhielt, von der ich vor ihrer Fertigstellung nichts wusste. Die Inhaber der Firma Lennartz Electronic, die sich eigentlich mit Präzisionsgeräten zur Erdbebenmessung befassen, wollten mit ihrem Unternehmen ebenfalls blaumachen und setzten in kürzester Zeit eine hochmoderne Dünnschichtzellen-Fotovoltaikanlage auf das Tonnendach ihres Firmengebäudes. Nicht nur ein energetischer, sondern auch ein ästhetischer Gewinn, wie ich vor Ort erkennen konnte.

Wenn Unternehmen, die etwas auf sich halten, in Solaranlagen investieren, dann ist es für die Stadt höchste Zeit, selbst aktiv zu werden. Das Hochbauamt prüfte deshalb die städtischen Gebäude auf ihre Eignung für Solaranlagen. Erfreulicherweise wurde es auf vielen Schuldächern fündig. Ich legte die Liste der möglichen Standorte dem Gemeinderat zur Information vor und verband damit den Vorschlag, die städtischen Dächer privaten Solarinitiativen kostenlos zur Verfügung zu stellen. Wie immer müssen in solchen Fällen von der Haftungsfrage bis zur Zugänglichkeit für Reparaturen viele Detailprobleme gelöst werden. Auch sahen einige Räte die Dächer durchaus als willkommene Einnahmequelle. Am Ende überzeugte die Mehrheit aber das Argument, dass es der Stadt gut ansteht, privates Engagement für Klimaschutz wenigstens durch den Verzicht auf Mieteinnahmen zu fördern, die sonst sicher nicht eingehen würden.

Und so färbten sich die Dächer gleich mehrerer Schulen in nur einem Jahr blau. Das Engagement, das dabei von Eltern, Lehrern und Schülern an den Tag gelegt wurde, macht mich zuversichtlich, dass die Anlagen nicht nur Strom produzieren, sondern auch ein ökologischeres Bewusstsein schaffen werden. Mit Informationstafeln über die aktuelle Leistung der Anlagen auf den Dächern wird den Schülerinnen und Schülern das Potenzial der Solarenergie eindrücklich vor Augen geführt.

Wer Solaranlagen bauen will, benötigt dafür meist ein Dach. Und natürlich sind die meisten Dächer in Privatbesitz. Aber nicht alle, die über geeignete Dächer verfügen, können oder wollen Solaranlagen bauen und betreiben. Deshalb hat die Stadt im Internet eine Solardachbörse eingerichtet. Hier können Eigentümer Dächer für Solaranlagen inserieren und Betreibergesellschaften nach geeigneten Dachflächen suchen. So kommen Angebot und Nachfrage zusammen.

Manchmal geht dies auch sehr direkt. Als Oberbürgermeister wurde ich zum Richtfest eines großen Altenwohnheims geladen. Bei der Besichtigung fragte ich wie immer nach Energiestandards und Solarenergie. So erfuhr ich vom Architekten des Gebäudes, dass alles auf eine Fotovoltaikanlage vorbereitet sei, nur sei es ihm bisher nicht gelungen, die evangelische Heimstiftung als Eigentümerin von der notwendigen sechsstelligen Investition in die Anlage zu überzeugen.

Diese Information übermittelte ich sofort dem Aufsichtsratsvorsitzenden der Stadtwerke, der ich glücklicherweise in Personalunion bin. Ich hatte dem Aufsichtsrat vorgeschlagen, eine Million Euro für ein Investitionsprogramm in Fotovoltaikanlagen bereitzustellen, und dafür grünes Licht erhalten. Diese Mittel konnten nun für eine Fotovoltaikanlage der Stadtwerke auf dem Dach des Pflegeheims eingesetzt werden. Die Stadtwerke beteiligten sich auch unterstützend an privaten Betreibergesellschaften und errichteten weitere Anlagen in Eigenregie. So gingen bis zum Jahresende 2008 Solaranlagen der Stadtwerke mit einer Leistung von 600 kWp ans Netz.

Innerhalb von zwei Jahren hat sich die installierte Fotovoltaikleistung Tübingens von 1,15 MW auf 2,3 MW verdoppelt. Sie wuchs damit etwas stärker als im Trend deutscher Städte und folglich hat Tübingen sich in der Solarbundesliga um rund 100 Plätze verbessert. Es gibt aber noch sehr viel mehr Dächer, die blau werden könnten. Mit dieser Meinung habe ich mich hin und wieder in Konflikt mit den Denkmalschutzbehörden des Landes begeben. Die haben nämlich eine durchaus eigene Sicht auf unsere Dächer. In einem kleinen Nachbarort Tübingens namens Reusten muss wohl demnächst der Petitionsausschuss des Landtags eingreifen, weil das Denkmalschutzamt einem Hausbesitzer verbieten will, die Renovierung seines Gebäudes mit einer Solaranlage zu krönen. Dabei steht das

Haus gar nicht unter Denkmalschutz, sondern die Dorfkirche auf der anderen Straßenseite, die nicht gerade den Status eines Wallfahrtsortes hat.

Ähnlich störend fanden die Denkmalschützer eine der großen Schulsolaranlagen auf dem Tübinger Wildermuth-Gymnasium. Ausgerechnet der Blick vom Regierungspräsidium, wo der Denkmalschutz beheimatet ist, auf das Tübinger Schloss wurde durch das blaue Solardach empfindlich beeinträchtigt. Glücklicherweise fiel das aber erst

auf, als die Anlage schon installiert war.

Angesichts eines so vehementen Kampfes für den Erhalt einer roten Dachlandschaft war ich einigermaßen erstaunt, als mir im Herbst 2007 die Genehmigung für den Abriss eines 500 Jahre alten Hauses auf den Tisch flatterte. Das Haus steht nicht irgendwo, sondern an Tübingens Schokoladenseite, mitten in der berühmten Neckarfront. Der Eigentümer hatte den Abriss beantragt und die Denkmalschutzbehörden bereits zugestimmt. Kein besonderer kulturhistorischer Wert!

Durch Gespräche mit dem Eigentümer und einen städtischen Zuschuss zum Erhalt der stadtbildprägenden Neckarfront konnte ich den vollständigen Abriss des Gebäudes im letzten Moment abwenden. Vielleicht hätte der Bauherr eine Solaranlage beantragen sollen, dann wäre ihm vermutlich der Abriss seines Hauses auch vom Denkmalschutz untersagt worden. In der behördlichen Praxis hat der Klimaschutz offensichtlich noch zu wenig Fürsprecher.

Zwanzig Prozent Rabatt auf alle Tankstellen

»20 % auf alles – außer Tiernahrung«. Auch wenn man den Spruch schon fast nicht mehr hören kann, ist er gut. Denn jeder kennt ihn. Warum um alles in der Welt gilt der Rabatt für alles, nur ausgerechnet für Tiernahrung nicht? Und warum ist dann nicht der Normalpreis für alles außer Tiernahrung einfach um 20 % niedriger? Rätsel des modernen Lebens.

Vielleicht, so denke ich gelegentlich, müsste man das energiesparende Fahren ähnlich bewerben wie Baumarktartikel. Immerhin scheint die Rabattsucht der Deutschen ja so ausgeprägt zu sein, dass sich die Werbung damit lohnt. Das Sparen an der Tankstelle interessiert die Deutschen seltsamerweise nicht. Es sei denn, sie können zum Tanken über die Grenze fahren und die Mineralölsteuer in die Schweiz oder nach Österreich schaffen.

Eine im Wortsinne viel näherliegende Möglichkeit, die Spritrechnung zu drücken, haben bis heute kaum 1 % aller Autofahrer genutzt: ein Energiespartraining in der Fahrschule. Warum auch? Wir haben den Führerschein ja schon. Und wer uns beibringen will, wie man besser fährt, kratzt zumindest an der Mannesehre. Frauen fahren sowieso schon besser und brauchen deshalb auch keine Nachhilfe. Versuchen Sie einmal als Beifahrer, den Fahrstil Ihres Piloten vorsichtig zu kritisieren. Sie werden sehen, Sie stehen schnell allein am Straßenrand. Der Fahrstil ist ein gesellschaftliches Tabu.

Das ist bedauerlich, denn was noch vor 30 Jahren richtig war, ist heute längst veraltet und damit falsch. Wer in den 70ern den Führerschein gemacht hat, lernte häufig noch, dass man Zwischengas geben solle, um die Kupplung frei zu bekommen. Untertouriges Fahren wurde einem ausgetrieben, weil es dem Motor schadete. Und tatsächlich konnte man einen Saugmotor damit schwer ins Stottern bringen oder abwürgen.

Seit die Elektronik in das Auto Einzug gehalten hat, ist das alles überholt. Mit Drehzahlmanagement, Einspritztechnologie und ausgeklügelten Brennkammergestaltungen können moderne Motoren faktisch nicht mehr untertourig gefahren werden. Einen Schaden durch zu niedrige Drehzahl kann der Fahrer nicht verursachen. Niedrige Drehzahlen sind aber der Schlüssel zum Rabatt an der Tankstelle.

Das ist leicht einsichtig: Mit jeder Umdrehung des Motors muss unter Last Kraftstoff in den Kolben verbrannt werden. Wenn der Motor 3000 Umdrehungen macht, verbraucht er zwar nicht doppelt so viel Sprit wie mit 1500, doch ganz erheblich mehr. Die meisten Autofahrer schal-

ten aber erst bei 3000 Umdrehungen in den nächsthöheren Gang. Das »hören« sie in der Regel. Besser wäre ein Blick auf den Drehzahlmesser. Denn zwischen 1500 und 1800 Umdrehungen muss man schalten, wenn man Sprit sparen will.

Wer keinen Drehzahlmesser hat, kann auch die Faustregel beachten, die Geschwindigkeit durch zehn zu dividieren. Also 10 km/h im ersten Gang, 20 km/h im zweiten Gang und ab 50 km/h im fünften Gang. Sie lesen richtig, nicht im dritten Gang durch die Stadt fahren, sondern möglichst schnell in den fünften schalten und dann ruhig im Verkehr mitschwimmen. Klingt für Sie verrückt? Deshalb reicht es nicht, das zu lesen, das muss man er-fahren. Und dazu ist mindestens ein dreistündiger Kurs in einer Fahrschule erforderlich.

Sie werden dort noch mehr theoretische Hintergründe moderner Fahrweise erläutert bekommen. Manches ist trivial. Nicht mit Vollgas auf rote Ampeln zufahren, sondern rechtzeitig auf Hindernisse reagieren und den Fuß vom Gaspedal nehmen. Macht trotzdem kaum jemand. Oder Sandsäcke aus dem Kofferraum und Skiboxen runter vom Dach, wenn man sie nicht braucht. Auch trivial, sieht man aber trotzdem viel zu oft.

Interessant und neu könnte für Sie die Frage sein, ob Ihr eigenes Auto über Schubabschaltung verfügt. Seit Mitte der 90er-Jahre ist das Standard. Nimmt man den Fuß vom

Gas, wird die Kraftstoffzufuhr sofort abgeregelt. Man fährt dann nur mit Luft in den Kolben, ganz ohne Spritverbrauch. Deshalb lautet die Regel bei modernen Fahrzeugen: bergab und beim Ausrollen immer den Fuß ganz vom Pedal und nicht etwa leicht gedrückt halten. Bei älteren Fahrzeugen war es spritsparend, bergab auszukuppeln, denn diese Fahrzeuge haben mit jeder Umdrehung des Motors Sprit gezogen. Kuppelt man hingegen ein modernes Fahrzeug aus, so muss der Motor wieder mit Kraftstoff versorgt werden, damit er nicht ausgeht. Das erhöht den Spritverbrauch von null auf ein bis zwei Liter.

Das sind allesamt Erkenntnisse, die nicht von Sektierern stammen, sondern den Führerscheinneulingen heute gelehrt und von den Fahrzeugherstellern geteilt werden. Mercedes hat sogar schon Energiesparkurse mit Neufahrzeugen verschenkt. Die Resonanz war wohl bescheiden. Aus den oben genannten Gründen. Rational ist das nicht. Denn bei einigen Hunderttausend Probanden, die bislang eine solche Fortbildung absolviert haben – das ist es ja im Kern –, liegt die durchschnittliche Spritersparnis langfristig bei 10 %. Wer vorher besonders sauflustig gefahren ist, spart häufig 20 % und mehr.

Würden also alle Deutschen einen Spritsparkurs belegen, dann könnten wir den CO_2-Ausstoß im Verkehr auf einen Schlag um 10 % senken. Wohlgemerkt, ohne einen Kilometer weniger oder auch nur langsamer zu fahren. Zugleich würden die Autofahrer an der Tankstelle jährlich an die zehn Milliarden Euro sparen. Ich kenne keine andere Klimaschutzmaßnahme, die ähnlich effektiv wäre und sogar noch einen Profit abwirft.

Das hat mich auf einen Gedanken und die Seite eins der Bildzeitung gebracht. Warum, so fragte ich mich, soll ein Führerschein aus dem Jahr 1961 heute noch uneingeschränkt gültig sein? Jeder Handwerker muss seine Qualifikation schließlich auch durch Fortbildungen nachweisen, wenn er neue Technologien anwendet. Also schrieb ich in einem Positionspapier als verkehrspolitischer Sprecher der grünen Landtagsfraktion in Baden-Württemberg die Forderung nach verpflichtenden Fortbildungen in energiesparender Fahrweise für alle fest.

Das Papier mit dem Titel »Deutschland braucht Dreiliterfahrer« war der BILD-Zeitung im Juni 2004 einen Artikel auf der Seite eins wert. Überschrift: »Grüne wollen Autofahrer zum Spritsparen zwingen«. Und nicht nur das, auch das unvermeidliche leicht bekleidete Girl von der Seite eins beschäftigte sich mit dem niedertourigen Fahren, allerdings eher kontraproduktiv. Da wunderte es mich auch nicht, dass die Erregung groß war. Die Beschimpfungsorgie, die sich per Telefon, E-Mail und Fax über mein Büro ergoss, war unbeschreiblich. »Ökoterrorist« und »Grüner Nazi« waren Standardausdrücke der Protestierer. Manchmal denken auch Volksvertreter an Bert Brecht und den Ratschlag, sich ein neues Volk zu wählen, wenn man mit dem vorhandenen nicht zufrieden ist.

Schlechte Voraussetzungen eigentlich, um das Thema in eine lokale Klimaschutzkampagne einzubinden. Zum Glück hat man als OB aber doch Möglichkeiten, Verpflichtungen einzuführen: Wer als Mitarbeiter der Stadtverwaltung Tübingen dienstliche Fahrten mit einem Kraftfahrzeug durchführen will, benötigt dafür eine Genehmigung. Diese wird künftig an den Nachweis über ein Energiespartraining geknüpft. Und damit das nicht als Bevormundung wirkt, organisiert die Stadt solche Kurse und übernimmt deren Kosten. Mit Erfolg: Die rund 300 Mitarbeiterinnen und Mitarbeiter, die bereits ein Training absolviert haben, erreichten im Durchschnitt eine Spritersparnis von 15 %.

In Kooperation mit den Tübinger Fahrschulen boten wir auch Privatpersonen eine »Fahrt ins Blaue« an. Das waren Energiesparkurse zum Schnäppchenpreis von 50 Euro pro Kurs. Eigentlich ein Geschenk, wenn man eine erwartbare Einsparung an der Tankstelle von 200 Euro im Jahr berücksichtigt. An diesen Kursen nahmen 20 Personen teil. Ein eher verhaltener Start. Wenn es um das Autofahren geht, sind offensichtlich auch die Tübinger in der Mehrheit noch nicht so weit, dem Klimaschutz Vorfahrt einzuräumen.

Mit dem Rad zur Arbeit

Das schnellste Verkehrsmittel in der Stadt ist in aller Regel weder das Auto noch der öffentliche Nahverkehr. Die drei Kilometer von meiner Wohnung zum Tübinger Rathaus schaffe ich, wenn es eilig ist, in acht Minuten. Mit dem Bus benötige ich von Tür zu Tür 15 Minuten. Mit dem Auto je nach Verkehrslage zwischen zehn und 20 Minuten – und ich habe einen reservierten Parkplatz direkt am Rathaus, der mindestens fünf Minuten spart. Ähnliche Rechnungen gelten im Nahbereich um das Tübinger Rathaus für nahezu jede Relation. Erst ab 5 Kilometer Entfernung und auf Bergstrecken erzielt das Auto Zeitvorteile. Und Zeit ist das knappste Gut, das wir haben. Schon deswegen fahre ich so gut wie immer mit dem Rad zur Arbeit und zu Terminen in der Stadt. Nebenbei bekomme ich frische Luft, treibe Sport, sammle neue Ideen und genieße das Cabrio-Gefühl.

Sicher, es gibt eine Handvoll Tage, da regnet es in Strömen oder die Straßen sind voll Eis und Schnee. Für diese Fälle weiche ich auf den Stadtbus aus. Das Auto benötige ich in der Stadt nur alle zwei bis drei Wochen, wenn Termine durcheinandergeraten, das Wetter überraschend kippt oder ein Bus schon weg ist.

Am häufigsten werde ich gefragt, wie das denn mit der Kleidung und Gepäck funktioniere. Kein Problem. Moderne Fahrradtaschen sind mit einem Klick montiert und fassen allemal die Akten eines Tages. Und ein Jackett stört beim Radeln allenfalls in großer Hitze. Da kann es passieren, dass ich zu einem Spatenstich im Hemd erscheine. In praller Sonne legen dann auch andere das dicke Tuch gerne ab. Bleiben die Beinkleider. Die kann man mit Klammern oder Bändern vor dem Kettenöl schützen oder – leicht skurril, aber praktisch – in die Socken stopfen. Dann benötigt man aber noch aufmerksame Mitarbeiterinnen, die darauf hinweisen, wenn die Hose im Büro immer noch in

den Socken steckt.

Das Radeln auf dem Weg zur Arbeit kann der Arbeitgeber fördern. Beginnen sollte man mit dem Streichen des Privilegs kostenloser Parkplätze für Beschäftigte. Denn das stellt immer eine Subvention in beträchtlicher Höhe dar, von der nur diejenigen profitieren, die mit dem Auto anfahren. Wenn diese Vergünstigung heilig ist, sollte zumindest derselbe Betrag in bar denjenigen ausbezahlt werden, die ohne Auto zur Arbeit kommen und damit die Kosten für die Bereitstellung der Stellplätze einsparen.

Kostengünstig und trotzdem häufig Mangelware sind gute Fahrradständer auf dem Firmengelände. Sie müssen überdacht sein und nahe am Eingang liegen, damit sie attraktiv sind. Wer längere Strecken radelt, braucht eine Umkleidemöglichkeit und eine Dusche. Fast am wichtigsten sind aber weiche Faktoren: Solange es als nicht gesellschaftsfähig gilt, ohne Auto zur Arbeit zu erscheinen, werden nicht viele umsatteln.

In der Stadtverwaltung Tübingen haben wir begonnen, das Radfahren zur Arbeit systematisch zu verbessern. Parkplätze für Bedienstete sind schon lange gebührenpflichtig. Wir richten Fahrradständer ein und sind dabei, an allen großen Dienststellen Umkleidemöglichkeiten zu schaffen. Dass Baubürgermeisterin Ulla Schreiber und der Oberbürgermeister fast immer mit dem Fahrrad unterwegs sind, macht das Radeln gesellschaftsfähig. Auch viele Amtsleiter sind mit dem Drahtesel auf Terminen. Das ändert das Fahrradklima nachhaltig.

Auch mit Aktionen versuchen wir, mehr Mitarbeiterinnen und Mitarbeiter zum Radfahren zu bewegen. In Zusammenarbeit mit dem ADFC und dem Betriebsarzt boten wir Umsteigern einen Sommer lang Betreuung und Beratung an. Die körperlichen Fitnesswerte der Probanden verbesserten sich messbar. Zur Auftaktveranstaltung kamen rund 50 Beschäftigte mit dem Rad.

Im Herbst 2008 nahm Tübingen am Wettbewerb »Stadtradeln« des Klima-Bündnisses teil. Deutschlandweit traten Kommunalpolitiker und Bürger gemeinsam für das Klima in die Pedale. Oberstes Ziel aller Teilnehmerinnen und Teilnehmer war es, symbolisch und CO_2-frei einmal die Erde zu umrunden, also gemeinsam rund 40 000 Kilometer zurückzulegen.

Am Ende schafften die 248 Tübinger Stadtradlerinnen und Stadtradler eine Erdumrundung sogar alleine. Sie legten in den drei Wochen 53 292 Kilometer zurück und siegten damit in der Kategorie »meiste geradelte Kilometer«. Der erste Preis für den Einzelfahrer mit der größten Kilometerleistung ging an meinen Nachbarn und Team-Gefährten Mar Mouradi, der in drei Wochen ganze 1965 Kilometer auf dem Rad zurückgelegt hatte.

Natürlich sollte das Radfahren nicht nur auf dem Weg zur Arbeit gefördert werden. Wer damit einmal angefangen hat, wird das Rad aber auch häufiger für private Wege nutzen. Und dann sind sichere und zügig befahrbare Radwege notwendig. Daran fehlt es leider in Tübingen noch. Das Radwegenetz ist zwar gut befahrbar, aber löchrig und eher für Eingeweihte als für Neulinge. Seit meinem Amtsantritt hat der Gemeinderat einer Verdreifachung der Investitionsmittel für den Radwegebau zugestimmt. Und fast noch wichtiger: Während in früheren Jahren die Anträge der Grünenfraktion, mehr Geld für Radwege zur Verfügung zu stellen, meist daran scheiterten, dass die Mittel des Vorjahres nicht verbaut waren, setzte die Stadtverwaltung das Budget nun in neue Radwege auch wirklich um.

Verbessert haben wir auch den Winterdienst. Früher musste man bei Schnee und Eis als Radler auf die Straße ausweichen, weil verdichteter Schnee auf dem Radweg rasch zu Glatteis wurde. Jetzt sind die wichtigen Radrouten in das Räumprogramm aufgenommen und nach meiner eigenen Erfahrung auch im tiefen Winter gut passierbar.

Angesichts der großen Höhenunterschiede im Tübinger Stadtgebiet muss man aber einräumen: Nicht alle sind sportlich genug, um die kilometerlangen Anstiege aus eigener Kraft zu bewältigen. Und dank des demografischen Wandels wird die Zahl der Älteren, die Bergstrecken nicht mehr leicht bewältigen können, sehr stark wachsen. Für alle diejenigen, die keinen Leistungssport auf dem Rad mehr betreiben wollen oder können, sind E-Bikes die perfekte Alternative zum Auto. Diese Fahrräder mit Unterstützung durch einen Akku und Elektromotor machen das Radfahren wieder zum Kinderspiel, auch am Berg. Die Reichweite liegt heute schon bei etwa 40 Kilometern, für den täglichen Stadtverkehr also völlig ausreichend. Die Stadtwerke Tübingen bieten das passende Strompaket für das Laden des Akkus an: Wer einen Ökostromvertrag hat oder bucht, bekommt für den Kauf eines E-Bikes einen Zuschuss von 50 Euro. Damit kann man den Strom für 40 000 Kilometer, also eine volle Erdumrundung mit dem E-Bike bezahlen!

E-Bikes sind nicht nur unglaublich energieeffizient, sondern auch die mit Abstand günstigste Form motorunterstützter Mobilität: Umgerechnet benötigt ein E-Bike nicht mehr als 0,1 Liter Benzin auf 100 Kilometer. Deshalb kommt ein E-Bike mit weniger als 0,1 Cent Energiekosten je Kilometer aus, während ein Auto im Mittel 15 bis

20 Cent Spritkosten auf den Kilometer verursacht. Grund genug für mich, ein E-Bike als Dienstrad anzuschaffen. Die Indienststellung sollte im März 2009 erfolgen.

Das gute Fahrradklima in Tübingen sorgt dafür, dass die Stadt schon heute einen Spitzenplatz beim Anteil der Wege, die mit dem Rad zurückgelegt werden, einnimmt. Gut jeder vierte Weg in Tübingen ist eine Radfahrt. Angesichts der großen Höhenunterschiede ist das ein respektabler Wert, der sich sicher noch ausbauen lässt und die Klimabilanz deutlich verbessert. Wenn jeder Tübinger und jede Tübingerin jeden Tag nur fünf Kilometer statt mit dem Auto auf dem Fahrrad zurücklegen würde, könnten 23000 Tonnen CO_2 eingespart werden. Damit wäre schon die Hälfte der CO_2-Menge vermieden, die dem Jahresziel der Initiative »Tübingen macht blau« entspricht.

3 Die Farbe des Stroms

3.1 Stadtwerke Tübingen – grüner Strom für die ganze Stadt

Rund ein Drittel des CO_2-Ausstoßes in Deutschland ist dem Stromsektor zuzurechnen. Die Verschwendung von Primärenergie ist hier besonders offenkundig. Nur ein Drittel der eingesetzten Energie kommt beim Verbraucher an, zwei Drittel gehen in Kraftwerken und den Verteilernetzen verloren.

Der Verbraucher wiederum verschwendet häufig ebenfalls den Großteil der gelieferten Energie. Eine konventionelle Glühbirne wandelt nur 10 % des Stroms in Licht und den Rest in nutzlose Wärme um. In der Gesamtkette vom Kraftwerk bis zur Wohnzimmerlampe gehen somit 96 % der Energie verloren. Nur 4 % kommen als Licht an.

Um solche Verschwendung zu beenden, müssen Stromerzeuger und Verbraucher gemeinsam Veränderungen erreichen. Eine Aufgabe wie geschaffen für ein Stadtwerk in kommunalem Eigentum mit enger Bindung an die Bürgerschaft.

Im Jahr 2006 erzeugten die Stadtwerke Tübingen etwa 30 % des in der Stadt benötigten Stroms selbst, und zwar etwa zu 90 % in Blockheizkraftwerken und zu 10 % in Wasserkraftwerken. Sonnenstrom spielte so gut wie keine Rolle, Wind- und Biomassekraftwerke befanden sich nicht im Kraftwerkspark.

Das ergibt in der Summe ein sehr gemischtes Bild. Einerseits hatte die klimafreundliche Kraft-Wärme-Kopplung in Tübingen einen etwa dreimal höheren Anteil als in Deutschland. Andererseits lag der Anteil der erneuerbaren Energie bei nur einem Viertel des deutschen Durchschnitts. In Freiburg waren pro Einwohner viermal so viele Fotovoltaik- und doppelt so viele thermische Solaranlagen installiert.

Beim Stromeinkauf achteten die Stadtwerke neben dem Preis bereits auf Klimafreundlichkeit. Möglich wurde ihnen dies durch die Südweststrom, die als Einkaufsgemeinschaft von Stadtwerken aus Baden-Württemberg günstig und CO_2-arm einkaufen konnte. Die Stadtwerke Tübingen gehörten so in vielen Preisvergleichen zu den günstigsten Anbietern und konnten mit einem sehr guten Strommix überzeugen: Pro kWh geliefertem Strom wurden bei den Stadtwerken Tübingen 379 g CO_2 emittiert. Etwa ein Drittel weniger als im Bundesdurchschnitt. Gut, aber bei Weitem nicht gut genug.

In einer kommunalen Klimaschutzstrategie muss die ökologische Ausrichtung des kommunalen Energieversorgers im Zentrum stehen. Die Stadtwerke Tübingen haben sich auf diesen Weg begeben. Sie sollen alle verfügbaren Quellen zur umweltfreundlichen Produktion von Strom so weit wie wirtschaftlich eben vertretbar erschließen.

Strom und Wärme aus einem Kraftwerk

Quantitativ steht in der Erzeugungsstrategie der Stadtwerke Tübingen die Kraft-Wärme-Kopplung an erster Stelle. Meine erste Entscheidung als Aufsichtsratsvorsitzender betraf den Erwerb der Anteile des Landes Baden-Württemberg am Gemeinschaftskraftwerk Tübingen. Mit dieser Anlage werden die Gebäude der Universität im Tal-Campus beheizt und 10 % des Tübinger Stroms erzeugt. Es standen hohe Investitionen zur Erneuerung des rund 70 Jahre alten Fernwärmenetzes an. Diese wollte das Land lieber nicht schultern. Die Stadtwerke sprangen ein. Bis 2010 werden 7,5 Millionen Euro für die Umstellung von verlustreichen Dampfleitungen auf sparsame Wasserleitungen investiert. Damit wird Heizenergie für etwa 1000 Haushalte eingespart. Dies soll dazu genutzt werden, das Fernwärmenetz in der Tübinger Altstadt auszubauen.

Noch viel mehr CO_2 wird die Nachrüstung des Fernheizwerks der Kliniken und des Berg-Campus der Universität einsparen. In dieser Heizzentrale wird in mehr als 40 Jahre alten Kesseln Fernwärme, aber kein Strom erzeugt. Tübinger Grünen-Abgeordnete des Landtags und des Bundestags haben seit Mitte der 90er-Jahre vergeblich darum gekämpft, ein Heizkraftwerk an dieser Stelle zu errichten. Ich selbst kletterte im Februar 2001 mit meinem Parteifreund Mark Rummel auf den rund 60 m hohen Kamin der Heizzentrale, um gegen des »Teufels Klimasünden« zu protestieren. Leider war der Wind in dieser Höhe so luftig, dass es sich als unmöglich erwies, das in guter Robin-Wood-Tradition von Hand bemalte Transparent lesbar zu entfalten.

Grund zum Protest gab es. Die Landesregierung hatte auf Anfrage meiner Vorgängerin als Landtagsabgeordnete, Sabine Schlager, 1996 sogar schriftlich bestätigt, dass der Ersatz der völlig veralteten Heizkessel durch ein modernes Heizkraftwerk nicht nur 10 000 Tonnen CO_2 pro Jahr, sondern auch mehrere Hunderttausend Euro Energiekosten einsparen würde. Die Landesregierung entschied sich dennoch gegen die Modernisierung, weil sie von der Liberalisierung des Strommarktes sinkende Preise und damit das Abrutschen der Stromerzeugung vor Ort in die Verlustzone erwartete.

Eine durchaus typische Reaktion: In den 90er-Jahren hatte Deutschland sich zwar schon zur Verringerung der CO_2-Emissionen verpflichtet, doch man tat nur das Nötigste. Die Landesregierung ließ Klimaschutzberichte verfassen, entschied sich aber gegen die Investition in ein klimafreundliches Kraftwerk für die Landesgebäude in Tübingen, die sich vollständig gerechnet und in den vergangenen zehn Jahren 100 000 Tonnen CO_2 vermieden hätte. Das entspricht immerhin dem Jahresbudget von 12 000 Menschen in Tübingen.

Wir können uns dieses Zuwarten schlicht nicht mehr leisten. Investitionen in Klimaschutz, die auch nur eine schwarze Null erzielen, müssen sofort erfolgen. Deshalb haben die Stadtwerke Tübingen dem Klinikum und der Universität ein Angebot zur Installation einer Gasturbine anstelle der alten Heizkessel vorgelegt und mit diesem Vorschlag überzeugt. Die Anlage soll 2010 ans Netz gehen und wird voraussichtlich Investitionen in Höhe von 15 Millionen Euro erfordern. Wer die Anlage betreiben wird, ist noch offen, weil EU-Recht eine öffentliche Ausschreibung erforderlich macht. Sollten die Stadtwerke den Zuschlag erhalten, können sie ihre umweltfreundliche Eigenstromproduktion um 10 % ausbauen. Andernfalls wird

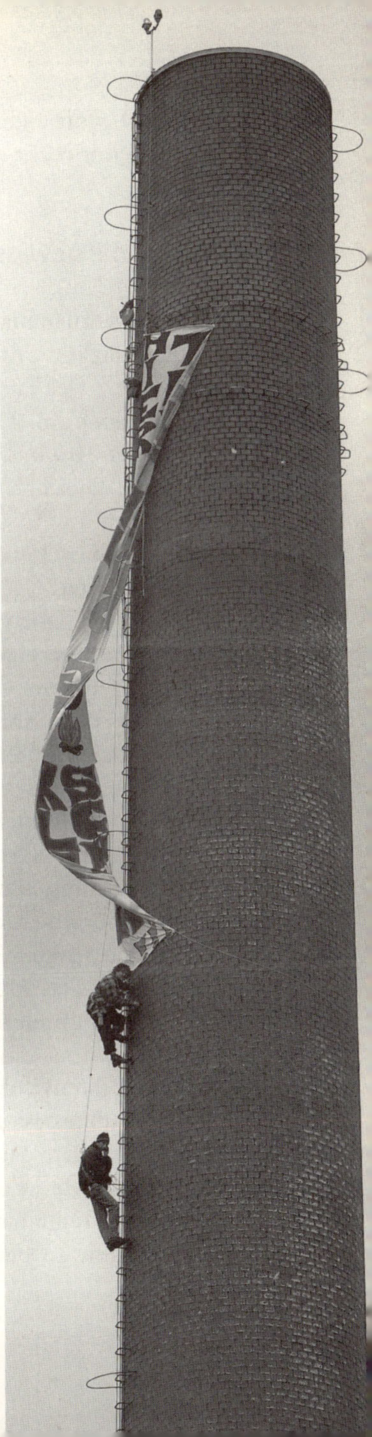

In luftiger Höhe im Einsatz für den Klimaschutz: Demo am Kamin (© Schwäbisches Tagblatt/Ulrich Metz)

das CO_2 von einem anderen Versorger eingespart. Auch das soll mir recht sein.

Heizen mit Abwasser

Während Solaranlagen mittlerweile ein gewohnter Anblick sind, fließt im Untergrund unserer Städte unbemerkt und ungenutzt viel Energie in die Kläranlagen. Abwasserkanäle führen auch im tiefsten Winter Wasser mit Temperaturen von über 10 Grad Celsius, denn das Wasser aus Spülmaschinen, Duschen und Badewannen ist meistens gut geheizt, wenn es in den Ausguss gelangt. Selbst die Temperatur von Frischwasser für die Toilettenspülung liegt selten unter 10 Grad.

Als Erste haben die Schweizer erkannt, dass in den Kanälen eine Energiequelle steckt. Dort gibt es schon in rund 50 Städten und Gemeinden Anlagen zur Wärmegewinnung aus dem Abflussrohr. In Deutschland sind Beispiele dafür höchst selten. Allenfalls direkt an den Kläranlagen wird Abwärme genutzt. Ein schönes Projekt für die städtischen Entsorgungsbetriebe und die Stadtwerke.

Zuerst mussten die Kanäle mit ausreichender Größe und Wärmeleistung identifiziert werden. Eine solche Analyse war Pionierarbeit, doch schon nach einem halben Jahr lag ein überarbeiteter Kanalplan mit entsprechenden Informationen vor. Das Ergebnis war erfreulich. In den sogenannten Hauptsammlern steckt genügend Energie für die Heizung von über tausend Haushalten und die meisten sind baulich bestens vorbereitet.

Die Technik ist erprobt und simpel: Auf den Sohlen der Kanäle werden Metallplatten verlegt. In diesen verlaufen Kühlkreise wie in einem Kühlschrank. Der Kanal wird gekühlt, das Kältemittel erhitzt. Dieser sogenannte Wärmetausch kann an der Oberfläche in umgekehrter Richtung wiederholt werden. Das Kältemittel kühlt wieder ab, die Wärme kann zum Beispiel durch einen Heizkörper in einen Raum geliefert werden. Der Clou dabei: Obwohl das Kältemittel mit Pumpen ständig verdichtet und entspannt werden muss, kann mit dieser Technik eine Kilowattstunde Strom in fünf Kilowattstunden Nutzwärme umgewandelt werden. Ein Perpetuum mobile ist das natürlich nicht, die Differenz entspricht der Kühlung des Wassers im Kanal. Aber warum sollten wir im Winter lieber Flüsse als Wohnungen heizen? Das erste Projekt in Tübingen soll der Neubau eines Kindergartens in der Weststadt sein. Die Eröffnung ist für das Jahr 2010 geplant. Und kein Kind wird merken, dass die Heizungswärme aus dem darunter verlaufenden Abwasserkanal kommt. In Planung ist die Versorgung des künftigen Entwicklungsbereichs »Egeria« im Stadtteil Lustnau. Hier könnten bis zu 200 Wohnungen mit der Energie aus dem Kanal versorgt werden.

Biogas ins Kraftwerk

Später als Windkraft und Fotovoltaik, aber zuletzt mit großen Zuwachsraten haben auch Biogasanlagen vom Erneuerbare-Energien-Gesetz (EEG) profitiert. Das Prinzip ist hier die Vergärung. Biomasse wird in einem großen Kessel erwärmt und Bakterien stellen aus dem Substrat Methan her – dasselbe Gas, das wir als Erdgas aus unterirdischen Speichern in Russland und der Nordsee abzapfen. Im Unterschied zu den fossilen Quellen sind Vergärungsprozesse aber CO_2-neutral. Es wird immer nur so viel CO_2 bei der Gasverbrennung frei, wie die verwendeten Pflanzen zuvor aus der Atmosphäre entnommen haben.

Biogasanlagen der ersten Generation verbrennen das aufgefangene Methan in kleinen Blockheizkraftwerken und produzieren Strom, für den eine Vergütung nach dem

Erneuerbare-Energien-Gesetz gezahlt wird. Die Anlagen haben aber allesamt dasselbe Problem: Weil die Anlieferung und Verarbeitung der landwirtschaftlichen Ausgangsstoffe nicht in Ortsnähe erfolgen kann, gibt es kaum eine vernünftige Möglichkeit, die Wärme zu nutzen. Sie wird nicht selten in kleinen Kühltürmen an die Luft abgegeben. Der Wirkungsgrad ist dann nicht besser als bei einem alten Kohlekraftwerk.

Im Jahr 2007 hat sich zudem eine Wende auf den Lebensmittelmärkten vollzogen. Die Preise für Nahrungsmittel und für landwirtschaftliche Erzeugnisse haben deutlich zugelegt. Deshalb lohnt es sich für Bauern wieder, Nahrung statt Energie zu erzeugen. Eine Entwicklung, gegen die man nichts einwenden kann. Auch wenn die Erzeugerpreise infolge der Wirtschaftskrise mittlerweile wieder fallen, werden auch biologische Rohstoffe auf mittlere Sicht rarer und teurer. Umso wichtiger wird es in Zukunft sein, die Abwärme aus Biogasprozessen zu nutzen. Auch erneuerbare Energie darf man nicht verschwenden. Statt Mais und Getreide müssen vermehrt organische Abfälle und Reststoffe in die Biogasanlagen.

Aus diesen Überlegungen entstand ein Projekt der Stadtwerke Tübingen zur Biogaseinspeisung in das städtische Gasnetz. Der Vorteil: Wird das Biogas nicht am Ort der Produktion verbrannt, sondern in ein Gasnetz eingespeist, kann es in Blockheizkraftwerken mit vorhandenem Wärmenetz eingesetzt werden. Damit steigt die Energieausbeute oft von 35 % auf 85 %. Alternativ kann auch eine Biogasleitung von der Biogasanlage zu einem bestehenden Blockheizkraftwerk verlegt werden. Weil die Kosten für die Reinigung und Aufbereitung von Biogas auf Erdgasqualität recht hoch sind, rechnet sich die Einspeisung in das Gasnetz nur bei großen Anlagen und großen Entfernungen zu einem Wärmenetz. Bei kleineren Anlagen und Entfernungen ist eine Biogasleitung günstiger.

Viel hängt also von einem geeigneten Standort ab. Wie ich leidvoll erfahren musste, keine ganz einfache Sache. Auf den ersten Blick schien uns eine Fläche auf einer ehemaligen Erddeponie zwei Kilometer vom Tübinger Stadtrand geradezu ideal geeignet: Nur 500 Meter Entfernung zur Hochdruckgasleitung, kaum drei Kilometer zum Blockheizkraftwerk der Stadtwerke in der Südstadt, direkte Straßenerschließung zu zwei Bundesstraßen mit weniger als 2 Kilometer Streckenlänge. Auch die Nachbarkommune Kusterdingen war von der Idee angetan.

Dann zeigte sich allerdings, dass die höchst unansehnliche Deponie rechtlich betrachtet ein wertvoller Wald war. Die Erklärung: Die Genehmigung, die vor 30 Jahren für den Betrieb der Erddeponie erteilt wurde, sah ein Wiederaufforstungsgebot vor. Sobald die Deponie geschlossen wird, muss dort also Wald gepflanzt werden. Das ist zwar bisher nicht geschehen, aber wer jetzt auf die Idee kommt, auf dem Deponiegelände keinen Wald zu pflanzen, sondern eine Biogasanlage zu bauen, muss eine sogenannte Waldumwandlungsgenehmigung beantragen. Eine amüsante Begrifflichkeit für die Umwandlung einer kahlen, waldfreien Erddeponie in einen Bauplatz. Zum Glück musste ich diese bürokratischen Fallstricke nicht entwirren, denn eine Baugrunduntersuchung zeigte, dass die deponierten Erdmassen keine ausreichende Standfestigkeit bieten konnten. Jetzt prüfen wir einen Standort neben der Deponie auf landwirtschaftlichem Gelände.

So wichtig wie ein guter Standort ist die Lage auf dem Biomassemarkt. Ich bin schon lange der Überzeugung, dass die Verwertung von biogenen Reststoffen und Abfällen Vorrang vor der Verstromung von Lebensmitteln haben muss. Die Stadtwerke konnten sich in der Region rund 35 000 Tonnen geeigneten Materials sichern: Fettabscheiderreste, Lebensmittelabfälle, Pferdemist. Die Stadtbaubetriebe ermittelten ein Potenzial von etwa 5000 Tonnen

Biomasse aus der Pflege von Straßenrändern und Gewässerrandstreifen. Der Landkreis erwägt, 7000 Tonnen Biomüll aus der grünen Tonne zur Verfügung zu stellen. Allein das wäre schon ein riesiger Gewinn für das Klima. Denn bei der Kompostierung, die bisher überwiegend in einer Großanlage bei Singen betrieben wurde, entsteht ebenfalls Methan in großen Mengen. Dieses entweicht jedoch in die Atmosphäre und ist dort als Treibhausgas 50-fach so stark wirksam wie dieselbe Menge CO_2.

In ökologischer Hinsicht ist eine solche energetische Verwertung von organischen Abfällen optimal. Wirtschaftlich ist das Ergebnis leider noch nicht so erfreulich. Die Ausgangsstoffe, ganz besonders Biomüll, müssen vorbehandelt und sortiert werden. Um das Biogas mit Erdgas vermischen zu können, muss es gereinigt und konzentriert werden. Für diesen Zusatzaufwand sieht das EEG leider keine Vergütung vor. Im Gegenteil. Wer organische Reststoffe zu Energie verarbeitet, bekommt weniger Geld aus dem Einspeisetopf als die Verarbeiter von nachwachsenden Rohstoffen aus landwirtschaftlicher Produktion. Das könnte dazu führen, dass für die Vergärung von nachwachsenden Rohstoffen eine zweite Biogasanlage neben die der Stadtwerke gestellt wird, um die erhöhte Vergütung zu erhalten. Und wenn es ganz dumm läuft, müssen die Stadtwerke neben das vorhandene noch ein neues Blockkraftwerk stellen, weil ein Mischbetrieb mit Bio- und Erdgas gemäß EEG unzulässig ist.

In Zukunft wird das EEG hoffentlich den erhöhten Aufwand für die Verwertung von organischen Reststoffen in Anlagen mit Wärmenutzung berücksichtigen. Andernfalls besteht die Gefahr, dass weiterhin zu viel Ackerland für Energie beansprucht wird, die verloren geht. Vorerst sieht es danach aus, als würden die Stadtwerke mit einem Biogasprojekt dem Klima Gutes tun, aber nicht ihrer Bilanz.

Energie aus Abwasser oder Biomüll zu gewinnen ist noch weitgehend Neuland und erfordert Pionierarbeit. Dagegen sind Flusskraftwerke seit mehr als einem Jahrhundert erprobt und wirtschaftlich sehr gut kalkulierbar. Vielfach wurde behauptet, das Wasserkraftpotenzial unserer Flüsse sei ausgereizt. Bei genauerer Betrachtung stellt sich heraus, dass die zuverlässige Wasserkraft noch erhebliche Reserven bietet.

In Tübingen selbst ist der Neckar auf seiner ganzen Länge aufgestaut. Nach Investitionen der Stadtwerke, die in den 90er-Jahren ihre Wasserkraftwerke runderneuert haben, ist das Leistungspotenzial hier ausgereizt. Aber schon einige Kilometer flussaufwärts findet sich ein Stauwehr, über dessen Krone das Neckarwasser weitgehend ungenutzt herabstürzt. Das soll sich ändern.

Wie so oft in der Politik half dabei der Zufall. In Horb regiert ein Oberbürgermeister, der in den 90er-Jahren Furore machte, weil er schon mit 27 Jahren direkt von der Uni ins Amt kam. Für einen konservativen Landstrich am Rand des Schwarzwalds eine kleine Sensation. Und das schaffte der junge Mann sogar noch mit FDP-Parteibuch. Da in Baden-Württemberg Oberbürgermeister auch dem Landtag angehören dürfen, lernte ich ihn im Stuttgarter Parlament kennen und schätzen. Michael Theurer hatte keine Bedenken, mich zwei Wochen vor der OB-Wahl in Tübingen durch die Teilnahme an einer Podiumsdiskussion zu stärken. Da war es mir eine Ehrensache, ihn zu unterstützen, als er kurzfristig Hilfe brauchte.

In Horb werden alljährlich die Ritterspiele veranstaltet. Ein großes Spektakel mit historischen Kostümen, die in der gut erhaltenen Altstadt von Horb ein prächtiges Bild abgeben. Jedes Jahr zieht das Ereignis Zehntausende von Besuchern in die Stadt, und gewöhnlich wirbt man dafür mit einem einigermaßen prominenten Schirmherren, der auch persönlich zugegen ist. Dieser Schirmherr war Michael Theurer im Sommer 2007 abhandengekommen und ich sprang kurzfristig für ihn ein.

So saß ich an einem schönen Sommertag auf der Tribüne der Ritterspiele, staunte über die Turnierkämpfe und bekam nebenbei während eines Stadtrundgangs den Hinweis auf das ungenutzte Horber Neckarwehr. Ich war elektrisiert und bat sogleich um schriftliche Unterlagen. Deren Lektüre machte mir schnell klar: Das ist die Chance für ein drittes Wasserkraftwerk der Stadtwerke Tübingen. Zwar wird schon heute in Horb Strom aus Wasserkraft erzeugt, aber nur etwa ein Drittel des technischen Potenzials, weil der Großteil des Wassers nicht in den Kanal und auf die Turbinen geleitet wird, sondern über das Stauwehr stürzt. Dieses Wehr ist ohnehin sanierungsbedürftig. Der ideale Zeitpunkt also für den Bau eines neuen Wasserkraftwerks, das Strom für etwa 1000 Haushalte zusätzlich erzeugen kann.

Allein, auch der sichere und höchst unweltverträgliche Strom aus der Errichtung einer Anlage an einem bestehenden Stauwehr ist ein Zuschussgeschäft. Von erforderlichen Investitionen in Höhe von etwa vier Millionen Euro lässt sich nur etwa die Hälfte aus Stromerlösen erwirtschaften, errechneten die Stadtwerke. Davon ließen wir uns nicht abschrecken. Was energie- und umweltpolitisch so sinnvoll ist, darf nicht aufgeschoben werden, bis die Politik endlich die richtigen Rahmenbedingungen setzt.

Die Stadtwerke werden das neue Kraftwerk bauen und drei Geldquellen anzapfen, um die Wirtschaftlichkeit sicherzustellen. Erstens verzichten sie auf die Rendite und betreiben das Wasserkraftwerk so, dass es nur seine Kosten einspielen muss. Zweitens investieren sie hier die Einnahmen aus den Ökostromverträgen ihrer Kunden. Drittens beteiligt sich auch die Stadt Horb an dem Projekt. So kann das Wasserkraftwerk Horb bis 2011 mithilfe der

Stadtwerke und ihrer Kunden doch in Betrieb gehen. Mit rund 700 kW Leistung wird das Wasserkraftwerk Horb eine mittlere Größenklasse erreichen. Das entspricht dem gesamten Zubau an Wasserkraftwerken in Baden-Württemberg zwischen 2005 und 2007.

Auch an kleineren Gewässern lassen sich noch Wasserkraftwerke errichten. Häufig sind die Standorte dafür historisch vorgegeben. Über Jahrhunderte war Wasserkraft so konkurrenzlos günstig, dass auch kleine Bäche aufgestaut und über Mühlräder gelenkt wurden. Tübingen war dafür ein Paradebeispiel. Die nur etwa 30 Kilometer lange Ammer durchfließt die Tübinger Altstadt in einem Kanal, der auf das 14. Jahrhundert datiert wird. Zwischen Ammer- und Neckartal liegt nur ein schmaler Höhenzug, der einen Sattel aufweist, dessen tiefster Punkt kaum 20 Meter über die Talsohle aufragt. Genau hier wurde Tübingen erbaut. Das Ammerwasser wurde zwei Kilometer vor Tübingen aus dem Bach ausgeleitet und direkt zum Neckar geführt. Fast ein Dutzend Getreidemühlen konnte so mitten in der Stadt betrieben werden.

Die Ingenieurleistung der Ahnen ist noch heute beeindruckend, aber von wenigen Relikten abgesehen erinnert an die große Zeit der Mühlen kaum etwas. Natürlich würde heute auch niemand mehr Getreidemühlen mit Wasserkraft betreiben wollen. Aber ein technisches Potenzial von etwa 50 kW, verteilt auf sechs bis sieben Standorte, hat der Ammerkanal noch immer. So könnte hier Strom für immerhin 50 Haushalte erzeugt werden. Auch dies packen die Stadtwerke an, um zu zeigen, dass sie bei erneuerbaren Energien eine Vorreiterrolle haben. Schon im Jahr 2009 soll das erste neue Wasserkraftwerk an der Gerstenmühle in Betrieb gehen. Das Kraftwerk liefert nicht nur Energie, es ist auch ein Informations- und Bildungsobjekt. Denn hier kann mitten in der Stadt über erneuerbare Energien informiert und für weitere Ökostromkunden geworben werden. Immerhin 50 000 Euro haben die Ökostromkunden der Stadtwerke für diese Kleinanlage zur Verfügung gestellt.

Don Quichotte im Kampf für Windmühlen

Eigentlich dürfte in der Liste der umweltfreundlichen Produktionsanlagen der Stadtwerke Tübingen die Windkraft nicht fehlen. In Baden-Württemberg ist das jedoch nicht so einfach. Dem früheren Ministerpräsidenten Erwin Teufel waren die Windräder nicht nur ein Dorn im Auge, sondern ein Spargel in der Landschaft. Deshalb änderte der Landtag im Jahr 2002 das Landesplanungsgesetz. Durch Bundesgesetze hatte die Windkraft einen ungeahnten Aufschwung genommen. Die kostendeckende Vergütung schuf den materiellen Anreiz, die »Privilegierung im Außenbereich« das Baurecht. Windkraftanlagen wurden im Prinzip wie landwirtschaftliche Gebäude behandelt. Es bestand ein Rechtsanspruch auf Genehmigung. Und das machte die Landesregierung nun rückgängig.

Im Landesplanungsgesetz wurde ein Passus verankert, der dafür sorgte, dass schon nach kurzer Zeit 99,7% der Landesfläche zu Windkraftverbotszonen erklärt werden konnte. Nur der kümmerliche Rest erhielt den Status von Vorranggebieten – und wie sich zeigte, waren diese so gewählt, dass dort nur selten der Wind weht. Der gewünschte »Erfolg« stellte sich ein: Baden-Württemberg erreichte den letzten Platz bei der installierten Windkraftleistung in Deutschland.

Fassungslos verfolgte ich als Abgeordneter des Landtags den Kampf der CDU gegen Windmühlen, und wie stets verloren wir Grünen die Abstimmungen über das neue Landesplanungsgesetz dank der Treue der FDP zu ihrem Koalitionspartner. Im FDP-geführten Wirtschaftsministerium sah man nämlich durchaus, dass der Kampf gegen die Windkraft auch ein Kampf gegen die heimischen Anlagenhersteller ist. Von Kabelbäumen aus Stuttgart bis zu »Spargeln« von Liebherr aus Biberach lieferten die schwäbischen Unternehmen den Windmüllern fleißig ihre Produkte.

Die fast schon irrationale Verteufelung der Windkraft trieb so seltsame Blüten, dass die Landesregierung der Stadt Freiburg sogar vorschreiben wollte, zwei bereits im Bau befindlichen Windrädern am Schauinsland nachträglich die Genehmigung zu entziehen. Oberbürgermeister Dieter Salomon wehrte sich gegen diese Zumutung mit Erfolg. Die Windräder sind heute in Betrieb und tragen dazu bei, dass Freiburg 5 % seines Stroms aus heimischer Windkraft beziehen kann. Fassungslos registrierte ich aber, dass die CDU zur Verhinderung von Windrädern sogar Rechtsstaatsprinzipien und Garantien wirtschaftlicher Tätigkeit außer Kraft zu setzen bereit war.

So wird verständlich, warum der Wind bislang keine einzige Kilowattstunde zu Tübingens Stromerzeugung beitragen konnte. Die Stadtwerke sind allerdings auch hier aktiv. Zwei von der Landesregierung in früherer Zeit noch zugelassene Windkraftstandorte auf der Schwäbischen Alb und am Rand des Schwarzwalds werden nun von den Stadtwerken Tübingen untersucht. Dort könnte mit zusammen 15 Windrädern schon bald heimischer Windstrom für 5000 Haushalte erzeugt werden. In Vorbereitung ist eine Beteiligung an einem Windpark in der Nordsee. Weil dies eine Investition ist, die weit über die Finanzkraft und den Bedarf eines einzelnen Stadtwerks hinausgeht, ist auch dies ein Projekt der Südweststrom Kraftwerksbeteiligungsgesellschaft, an dem sich Tübingen beteiligt.

Bis 2015 werden die Stadtwerke Tübingen mehr als die Hälfte des Tübinger Stromverbrauchs in umweltfreundlichen Kraftwerken selbst erzeugen. Vom Zeitpunkt meiner Wahl zum Oberbürgermeister von Tübingen wird dies fast eine Verdoppelung der Stromproduktion aus Kraft-Wärme-Kopplung und erneuerbaren Energien bedeuten. Das zeigt, was technisch möglich ist, wenn ein Energieversorger den Klimaschutz wirklich zu seinem Hauptanliegen macht. Die wirtschaftlichen Nachteile, die den Stadtwerken Tübingen dadurch entstehen, zeigen aber auch, dass die energiepolitischen Rahmenbedingungen eine solche Strategie noch immer nicht unterstützen. Bundes- und Landespolitik müssen ihren Beitrag leisten, wenn die Energiewirtschaft insgesamt auf diesen Pfad gelenkt werden soll.

3.2 Die vertrackte Kohlefrage

Die sogenannte Liberalisierung des Energiesektors in Deutschland ist gründlich misslungen. Bis zur Öffnung der Netze für den Wettbewerb war eine große Zahl örtlicher Gebietsmonopole kennzeichnend für die deutsche Energiewirtschaft. Die Kunden hatten keine Wahl, aber eine sehr hohe Zuverlässigkeit und relativ günstige Preise. Seit der Liberalisierung haben sich aus vielen kleinen Gebietsmonopolen in meist staatlichem oder kommunalem Eigentum vier privatwirtschaftliche Konzerne gebildet, die zusammen quasi ein Erzeugungsmonopol bilden. Mehr als 80 % der Stromerzeugungskapazitäten in Deutschland sind in der Hand von RWE, Eon, Vattenfall und EnBW.

Die Politik wollte den Wettbewerb und bekam ein Machtkartell. Das Ergebnis sind explodierende Gewinne der Konzerne und stark steigende Strompreise. Seit dem Jahr 2000 wurde Haushaltsstrom um 50 % verteuert. Und die Konzerne benutzen ihre Macht nun sogar dafür, die Schuld daran der Steuer- und Umweltpolitik zuzuschieben.

Ein besonders dreistes Beispiel für dieses Verhalten ist der Missbrauch des Emissionshandels. Seit 2006 müssen Stromproduzenten Erlaubnisscheine für den CO_2-Ausstoß ihrer Kraftwerke erwerben. Die Zuteilung der sogenannten Zertifikate erfolgte vollständig kostenlos, nur wer mehr als erlaubt produzierte, musste Zertifikate kaufen. Der Preis war stark von Unsicherheit über das neue Instrument geprägt und stieg zunächst sehr rasch an. Die Stromkonzerne rechneten nun die Kosten der Zertifikate in ihre Preise ein, aber nicht nur für die gekauften, sondern auch für die kostenlos zugeteilten. Dieser Trick spülte den Konzernen Milliardenbeträge in die Kassen.

Das Versagen des Energiemarktes blieb der Politik nicht verborgen. Mehr Wettbewerb sollte her. Das Auge des Gesetzgebers fokussierte sich auf die Verteilernetze. Hier vermutete die Politik das größte Diskriminierungspotenzial. Wenn ein Stromversorger einen Kunden beliefern möchte, der an ein Netz eines Wettbewerbers angeschlossen ist, dann fallen sogenannte Durchleitungsgebühren an: Der Stromversorger muss dem Betreiber des fremden Netzes für dessen Mitnutzung eine Gebühr entrichten. Ist diese zu hoch, lohnt es sich nicht, außerhalb des eigenen Netzes Kunden zu gewinnen. Der Wettbewerb ist ausgehebelt.

Aus dieser Theorie entstand eine neue Bürokratie. Seit 2006 ist die Bundesnetzagentur in Bonn die Regulierungsbehörde der deutschen Stromwirtschaft. Jedem Energieversorger werden Obergrenzen für die Gebühren verordnet, die er den Wettbewerbern in Rechnung stellen darf. Das Ergebnis wird paradoxerweise noch weniger Wettbewerb sein.

Die Politik in Bund und Ländern hat den Hebel an der falschen Stelle angesetzt. Weil die vier großen Konzerne als Verbundunternehmen die Produktion, die Verteilung und den Vertrieb von Strom in einer Hand vereinen, können sie relativ frei bestimmen, wo in der Wertschöpfungskette die Gewinne anfallen. Hohe Durchleitungsgebühren waren für die Konzerne interessant, um neue Stromanbieter vom Markt fernzuhalten. Das haben sie Ende der 90er-Jahre erfolgreich getan. Von der Regulierung der Netze haben die bereits verschwundenen Konkurrenten nichts mehr.

Jetzt ist es für die Konzerne von Vorteil, die Gewinne in die Produktion des Stroms zu verlagern, denn in der Erzeugung haben sie einen deutlich größeren Marktanteil als im Vertrieb. Im Ergebnis sinken die Gewinne aus dem Betrieb der Netze infolge der Regulierung stark, während die Erträge in der Stromproduktion stetig ansteigen. Das ist für die Kunden bestenfalls ein Nullsummenspiel. Die Hoffnung der Politik, die Strompreise würden günstiger, erfüllt sich nicht.

Dafür verschieben sich die Machtverhältnisse am Strommarkt dramatisch. Die meisten Stadtwerke müssen Strom bei RWE und Co. zukaufen. Viele haben überhaupt keine Eigenstromproduktion und betreiben lediglich das Verteilernetz. Wenn nun staatlich verordnet die Erträge aus dem Netzbetrieb zusammenschmelzen, stört das die Bilanzen der Konzerne nicht. Sie erhöhen einfach die Gewinnmargen in der Stromproduktion. Damit können sie sogar Verluste aus dem Netzbetrieb verkraften.

Stadtwerke in der Klemme

Den Stadtwerken ist ein solcher Ausgleich verwehrt. Sie haben entweder gar keine eigene Stromerzeugung oder betreiben nur Anlagen, die kaum Gewinne zulassen. Ironischerweise liegt das daran, dass sie dezentral und umweltfreundlich produzieren.

Die erneuerbaren Energien werden zwar gesetzlich gefördert. Die Vergütung ist jedoch bewusst nur kostendeckend. Selbst wenn sich einzelne Windparks oder Solaranlagen rentieren, ist damit kein relevanter Gewinn für eine Stadtwerkebilanz erzielbar. Die Kraft-Wärme-Kopplung, also die Produktion von Strom in Kombination mit Nutzung der Abwärme in Nah- und Fernwärmenetzen, wird durch einen Bonus gerade so weit unterstützt, dass die Anlagen nicht abgeschaltet werden müssen. Eine angemessene Verzinsung des Kapitals ist nicht möglich.

Damit sind die Stadtwerke den großen vier weitgehend ausgeliefert. Die Regulierung verbietet ihnen Gewinne im Netzbetrieb. Anfallende Verluste können sie in der Produktion nicht ausgleichen. Wenn sie deswegen die Endkundenpreise erhöhen, jagen ihnen die Konzerne dank günstiger Durchleitungsgebühren die Kunden ab. Am Ende rutschen die Stadtwerke in die roten Zahlen und werden zu Übernahmekandidaten. Das Ende jedes Wettbewerbs und aller lokalen Anstrengungen für den Klimaschutz.

Das sind die energiepolitischen Rahmenbedingungen, mit denen sich die Gemeinderäte und Oberbürgermeister vieler deutscher Städte auseinandersetzen müssen. Viele haben längst den Schluss daraus gezogen, Anteile ihrer Stadtwerke an die Konzerne zu verkaufen, um einen sicheren Hafen zu finden. Manche Städte haben sich sogar ganz von ihren Stadtwerken getrennt. Die Landeshauptstadt Stuttgart beispielsweise hat ihre gesamte Versorgung mit Strom, Gas und Wasser an die EnBW veräußert.

Mittlerweile ist allerdings die Bürgerschaft zunehmend skeptischer gegenüber solchen Geschäften geworden. So verhinderte ein Bürgerentscheid im Jahr 2008 mit fast 90 % Ablehnung einen Teilverkauf der Stadtwerke Leipzig. Es gibt noch immer selbstständige Stadtwerke, die ganz in kommunaler Hand sind. Zum Glück gilt das auch für die Stadtwerke Tübingen – immerhin schon seit 1862.

Einige dieser kommunalen Unternehmen, die gelegentlich auch mit den gallischen Dörfern der Asterix-Comics verglichen werden, haben sich auf den Weg gemacht, den Monopolisten die Stirn zu bieten. Sie gründeten Einkaufsgemeinschaften, legten Prozesse zusammen, reduzierten ihre Kosten und stiegen selbst in die Stromproduktion in lukrativen Großkraftwerken ein, um das Monopol der Konzerne zu knacken. Die Stadtwerke Tübingen haben sich deshalb an der Südweststrom-Handelsgesellschaft und der Kraftwerksbeteiligungsgesellschaft dieses Stadtwerkeverbundes beteiligt.

Eine richtige Entscheidung. Selbstständige Stadtwerke können nur überleben, wenn sie miteinander kooperieren. Deshalb stimmte der Aufsichtsrat der Stadtwerke Tübingen im Jahr 2005 einstimmig für den Beitritt zur Südweststrom Kraftwerksbeteiligungsgesellschaft.

Das gescheiterte Gaskraftwerksprojekt in Wertheim

Zu diesem Zeitpunkt verfolgte die Gesellschaft vorrangig das Projekt eines Gas- und Dampfturbinenkraftwerks (GuD). Das machte auch den grünen Aufsichtsräten die Zustimmung leicht. Gelten solche Kraftwerke doch als umweltfreundlich, weil sie mit einem hohen Wirkungsgrad von fast 60 % die Energie aus Gas in Strom umwandeln und dabei pro kWh im Vergleich zu einem Kohlekraftwerk weniger als ein Drittel an CO_2 emittieren.

Schwierig gestaltet sich jedoch die Standortsuche. Ein GuD muss günstig zu drei linearen Infrastrukturen gelegen sein: in der Nähe einer großen Gasleitung, einer leistungsfähigen Hochspannungsleitung und eines wasserreichen Flusses zur Kühlung. Doch die Südweststrom war erfolgreich und fand ein ungenutztes Gewerbegebiet in Wertheim am Main, das all diese Kriterien erfüllte. Stadtverwaltung und Gemeinderat befürworteten das Projekt. Dann kamen die Grünen und eine »Bürgerinitiative Umweltschutz Maintal« ins Spiel. Es entstand ein innergrüner Konflikt, der viele Züge einer Ironie des Schicksals hat.

Nach dem Verlust der Regierungsbeteiligung im Bund im Herbst 2005 waren die Grünen auf den Status einer reinen Oppositionspartei zurückgeworfen. Zwangsläufig erforderte dies eine neue Kursbestimmung. Diese sollte auf dem Kölner Parteitag im Dezember 2006 erfolgen. Parteichef Reinhard Bütikofer erteilte deshalb dem profiliertesten Umweltpolitiker der Bundestagsfraktion, Reinhard Loske, den Auftrag, eine Positionsbestimmung zu erarbeiten, und lud mich zu einer Arbeitsgruppe ein. Unter dem Titel »Für einen neuen Realismus in der Ökologiepolitik« entstand ein Papier, das Grundlage des Parteitagsbeschlusses werden sollte.

Der doppeldeutige Titel sollte keineswegs realistisch im Sinne mancher Wirtschaftsbosse sein, dass es nämlich aus ökonomischen Gründen illusionär sei, den Klimawandel und die Zerstörung bedeutender Ökosysteme aufzuhalten. Vielmehr lautete das Argument, dass Realismus in der Ökologiepolitik wegen der wachsenden Gefahren für das Ökosystem Erde zu einer neuen Radikalität der Forderungen und Maßnahmen zwinge. Es sei eben nicht realistisch, die Ökonomie so zu betreiben, dass sie ihre eigenen Grundlagen zerstört.

Das Thesenpapier kann sich auch heute noch sehen lassen. Es analysiert die ökologische Herausforderung schonungslos und benennt einen Katalog von notwendigen Veränderungen, um sie zu bestehen. Dabei geht es weit über das in der Zeit der rot-grünen Bundesregierung Erreichte hinaus, ohne deren Erfolge zu dementieren. Die Aufforderung zu neuer Radikalität lud aber dazu ein, noch mehr zu fordern. Zum Beispiel nicht nur den Verzicht auf neue Kohlekraftwerke, sondern gleich auf alle Großkraftwerke, auch der GuD.

Diese Position machte sich der energiepolitische Sprecher der grünen Bundestagsfraktion Hans-Josef Fell zu eigen. Er wurde zum Kronzeugen der Grünen in Wertheim und der »Bürgerinitiative Umweltschutz« im Maintal. Fell trat in Wertheim auf und unterstützte den Widerstand gegen den

Bau des angeblich klimafeindlichen GuD am Main. Es kam zu einem Bürgerentscheid am 12. November 2006.

Am selben Tag war der zweite Wahlgang der OB-Wahl in Tübingen vorgesehen. Und ein hoch strittiger Bürgerentscheid über den Verkauf von städtischen Wohnungen in Freiburg, für den sich der erste grüne Großstadt-OB Dieter Salomon eingesetzt hatte. Mit Dieter Salomon als Vorsitzendem der grünen Landtagsfraktion hatte ich im Jahr 2001 im Landtag von Baden-Württemberg für mehr Bür-

gerrechte und weniger Hürden vor Bürgerentscheiden gekämpft. Aus Überzeugung. Und mit Erfolg. Der Landtag erleichterte im Jahr 2004 die Durchführung von Bürgerentscheiden, indem er die zulässigen Fragestellungen erweiterte und das sogenannte Zustimmungsquorum von 30% auf 25% absenkte. Seither hat sich die Zahl der gültigen Bürgerentscheide in Baden-Württemberg vervielfacht.

Meine Wahl zum OB von Tübingen erfolgte überraschend schon im ersten Wahlgang am 22. Oktober 2006. Ich konnte also drei Wochen später gelassen und doch gespannt auf die Bürgerentscheide in Freiburg und Wertheim schauen. Dieter Salomon musste hinnehmen, dass 70% der Wählerschaft gegen seine Pläne zum Wohnungsverkauf stimmten. In Wertheim lehnten die Bürgerinnen und Bürger mit fast 80% den Bau des GuD der Südweststrom Kraftwerkbeteiligungsgesellschaft ab. Statt des erhofften Wahlsiegs in Tübingen bei der OB-Wahl brachte der Sonntag also zwei heftige Niederlagen für grüne Oberbürgermeister in Volksabstimmungen.

Für Dieter Salomon hatte das Ergebnis eine besondere Note: Wegen geringer Beteiligung erreichte der Bürgerentscheid in Freiburg nur eine Zustimmung von 29% und wäre damit nach altem Recht knapp ungültig geblieben. Nur das erfolgreiche Werben der Grünen im Landtag für ein großzügigeres Quorum mit seiner und meiner Beteiligung machte den Entscheid verbindlich. Für mich blieb die Erkenntnis, die Niederlage für die Stadtwerke Tübingen den eigenen Parteifreunden in Wertheim und in der Bundestagsfraktion zu verdanken.

Zum Bundesparteitag in Köln vom 1.–3. Dezember 2006 fuhr ich daher mit einem gewissen Groll. Ich kämpfte für den neuen Realismus in der Ökologiepolitik, aber gegen Fundamentalismus. Ein Begriff, den mir Hans-Josef Fell sehr übel nahm. Dass er aber nach Wertheim generell im grünen Parteiprogramm den Bau von Gaskraftwerken verbieten wollte, ging mir in Kenntnis der Lage der Stadtwerke Tübingen entschieden zu weit. Ich war froh, dass der Parteitag mit knapper Mehrheit meiner Argumentation folgte, dass man nicht gleichzeitig aus der Atomkraft aussteigen, Kohlekraftwerke verhindern und den Neubau von Gaskraftwerken verbieten könne.

Grüner Bauherr, schwarzer Staub

Nur für die Südweststrom Beteiligungsgesellschaft war guter Rat nun teuer, denn Standorte, die zugleich Zugang zu Gas, Strom und Kühlwasser in jeweils ausreichender Kapazität bieten, sind rar oder werden von den großen Konzernen vorsichtshalber okkupiert. Also kam die zweite Option ins Spiel. Ein Kohlekraftwerk am bisherigen AKW-Standort Brunsbüttel.

Die Kraftwerksbeteiligungsgesellschaft leistete gute Arbeit. Sie sicherte sich die Option auf ein Grundstück neben dem bald abzuschaltenden Atomkraftwerk und einen Zugang zum Übertragungsnetz. Zugleich reservierte sie die Kapazitäten des Tiefseehafens von Brunsbüttel und damit den Zugang zu Kohle aus Übersee. Die Lage nahe am Meer erlaubt den Verzicht auf den Bau eines Kühlturms. Die Kohle kann ohne Verladung auf Binnenschiffe deutlich günstiger geliefert werden. Das reichlich vorhandene Kühlwasser steigert den Wirkungsgrad der Anlage. Brunsbüttel dürfte mit einem elektrischen Wirkungsgrad von 48 % das effizienteste Kohlekraftwerk in Deutschland werden.

Im Juli 2008 mussten die Stadtwerke Tübingen Farbe bekennen: Bleiben sie in der Kraftwerksbaugesellschaft und finanzieren die Errichtung des Kohlekraftwerks in Brunsbüttel mit oder steigen sie im Namen des Klimaschutzes aus? Auf diese einfache Alternative brachten es zumindest viele Grüne.

Hatten nicht die Grünen als Klimaschutzpartei das Ende eines Kohlekraftwerkes der Stadtwerke Bremen zur Bedingung für den Eintritt in den rot-grünen Senat gemacht? War nicht soeben Schwarz-Grün in Hamburg durch den vorläufigen Verzicht auf das Kohlekraftwerk Moorburg möglich geworden? Und nun sollte ausgerechnet ein grüner OB als Aufsichtsratsvorsitzender seiner Stadtwerke den Bau eines »Klimakillers« vollziehen? Ein kaum zu lösender Zielkonflikt. Der wirtschaftliche Erfolg der Stadtwerke und ihre Eigenständigkeit in der einen Waagschale, das Weltklima in der anderen.

Eine vertiefte Analyse der Situation verkomplizierte die Entscheidung stetig weiter. Ob das Kohlekraftwerk wirklich zum wirtschaftlichen Erfolg der Stadtwerke beitragen wird, ist keineswegs sicher. Wenn die Kunden dieses Engagement nicht akzeptieren und in Scharen zu reinen Ökostromanbietern wechseln, ist nichts gewonnen. Ohne Kunden kann ein Stadtwerk noch weniger überleben als ohne eigene Kraftwerke.

Umgekehrt ist durchaus nicht ausgemacht, ob das Kohlekraftwerk Brunsbüttel dem Klima schadet oder nutzt. Wenn der Ausbau der erneuerbaren Energien so schnell vorankommt, wie es die grüne Bundestagsfraktion mit ihrem Konzept Energie 2.0 hofft, nämlich auf 43 % Produktionsanteil bis 2020, dann ist das Kohlekraftwerk ein Klimakiller, der auf 40 Jahre Kapital bindet, um CO_2 in die Luft zu pusten. Wenn die erneuerbaren Energien aber bis 2020 ihren Anteil »nur« auf 30% verdoppeln, würde ein neues Kohlekraftwerk das Abschalten alter Anlagen ermöglichen und den CO_2-Ausstoß pro kWh um bis zu 30% absenken.

Am Ende entschied ich mich für die Tatsachen. Tatsache ist: In einem Energiemarkt mit anderen Rahmenbedingungen wäre es durchaus möglich, die alten Kohle- und Kernkraftwerke rasch durch erneuerbare Energien zu ersetzen. Tatsache ist aber auch, dass diese Rahmenbedingungen trotz aller Fortschritte in der rot-grünen Regierungsperiode bisher nicht geschaffen wurden. Politische Programme müssen an einer zu schaffenden Wirklichkeit ausgerichtet sein. Investitionen müssen sich an geschaffener Wirklichkeit orientieren. Und in Letzterer bewirkt ein maßvoller Neubau von Kohlekraftwerken weniger CO_2-Ausstoß als der Weiterbetrieb ineffizienter Altanlagen; das Verschwinden selbstständiger Stadtwerke weniger und nicht mehr Klimaschutz.

Studien im Auftrag des Bundesumweltministeriums zeigen, dass der Zubau von etwa zehn großen Kohlekraftwerken bis 2020 mit dem Ziel, die CO_2-Emissionen um 40% gegenüber 1990 zu reduzieren, noch verträglich ist. Würden jedoch wie 2007 geplant 30 Kohleblöcke entstehen, wäre es so gut wie unmöglich, die Klimaschutzziele zu erreichen. Nun eignet sich für Protestbewegungen die Forderung, zwei von drei Kohlekraftwerken zu verhindern, schlecht zur Mobilisierung. Aber wenn überhaupt Kohlekraftwerke entstehen, dann sollten sie zumindest dazu dienen, das Erzeugungsoligopol aufzuknacken. Deshalb sind die Stadtwerke Tübingen auch weiterhin am Bau des Kraftwerks Brunsbüttel beteiligt. So hat es der Gemeinderat schließlich am 22. Juli 2008 mit großer Mehrheit und auch mit meiner Stimme entschieden.

Umso wichtiger ist es nun, diese Entscheidung in eine lokale Klimaschutzstrategie zu integrieren. Die Beteiligung

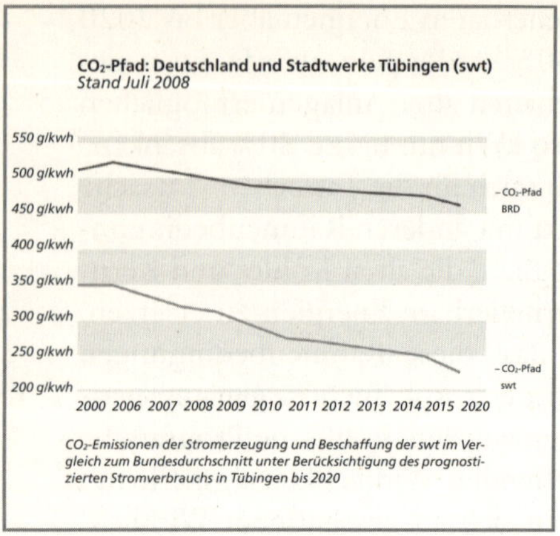

CO_2-Emissionen der Stadtwerke: trotz Kohlekraftwerk auf dem richtigen Weg

an Brunsbüttel ist nur vertretbar, wenn die Anstrengungen zum Ausbau wirklich klimafreundlicher Stromerzeugung aus erneuerbaren Energien und in Kraft-Wärme-Kopplung entsprechend intensiviert werden. Wir wollen trotz der Beteiligung an einem Großkraftwerk die CO_2-Emissionen aus der Stromproduktion für den Bedarf in Tübingen schneller senken als der Durchschnitt in Deutschland.

Die Stadtwerke haben hier heute schon eine sehr gute Position erreicht: Während in Deutschland etwa 525 g CO_2 pro kWh Strom in die Atmosphäre eingebracht werden, liegt der entsprechende Wert für den Strommix der Stadtwerke Tübingen bei nur 350 g. Die Bundesregierung hat sich zum Ziel gesetzt, die CO_2-Intensität der deutschen Stromproduktion bis zum Jahr 2020 auf 460 g je kWh zu verringern. Darin ist der Atomausstieg bereits berücksichtigt. Der CO_2-Pfad, den die Stadtwerke beschreiten wollen, sieht im Jahr 2020 einen Emissionswert von weniger als 250 g je kWh vor. Dabei ist der Ausbau der Eigenstromproduktion einschließlich der Beteiligung an dem Kohleblock in Brunsbüttel voll eingerechnet. Wir wollen also beides: Klimaschutz und Eigenständigkeit.

4 Heimatkunde

4.1 Die Stadt der kurzen Wege

Wenn über Klimaschutz debattiert wird, ist meistens die Rede von Windrädern, Atomkraftwerken und Kraftstoffverbrauch. Vielleicht wirft jemand noch den Begriff Energiesparen in die Runde. Über Siedlungsstrukturen spricht so gut wie niemand. Das ist verständlich. Die Energieerzeugung und die unmittelbare Verwendung von Energie stehen in sehr direkter Verbindung zum Kohlendioxidausstoß. Welchen Einfluss die Siedlungsstrukturen auf den Klimawandel haben, ist hingegen nicht so leicht ersichtlich.

Bei näherer Betrachtung zeigen sich jedoch gravierende Effekte. Am deutlichsten werden die Unterschiede im Vergleich der Extreme: hier das Einfamilienhaus mit Doppelgarage im Grünen, dort die Etagenwohnung im fünfgeschossigen Stadthaus.

Typischerweise wird ein Einfamilienhaus heute am Ortsrand einer sogenannten Speckgürtelgemeinde errichtet, also 15 bis 50 Kilometer vom Zentrum eines Ballungsraumes entfernt. Dort ist das Bauland günstiger als in der Stadt, die Grundstücke sind entsprechend größer, die Zahl der Geschosse geringer. Deshalb nehmen die Menschen in einer solchen Einfamilienhaussiedlung etwa viermal mehr Boden in Anspruch als jene in einem städtischen Quartier. Und das bedeutet mehr Beton und Ziegel, weniger Pflanzenwachstum, in der Summe eben mehr Klimagase und höhere Temperaturen.

Das setzt sich fort bei der Verkehrserschließung. Pro

Einwohner ist in der Einfamilienhaussiedlung etwa sechsmal mehr Fläche für Straßenraum erforderlich als im dichten Stadtquartier. Weil nur wenige Menschen in fußläufiger Distanz zu einer Haltestelle wohnen, fährt von Neubausiedlungen im Grünen nur selten ein Bus oder eine Bahn. Die Arbeitsplätze sind im Zentrum des Ballungsraumes, die Einkaufsmöglichkeiten in einem Gewerbegebiet nahe einer größeren Straße, alles ist nur mit dem Auto erreichbar. Deshalb parken vor jedem Einfamilienhaus mindestens

zwei Autos, und deren jährliche Kilometerleistung ist dreimal so groß wie in der Stadt, wo sich viel mit Bus, Rad und zu Fuß erledigen lässt. Entsprechend weniger CO_2 geht auf die Mobilität der Stadthausbewohner zurück.

Auch die gemütlich warme Wohnung ist in der Stadt weniger klimaschädlich als im Grünen. Ganz neue Häuser kann man heute zwar schon so gut dämmen, dass sie mit Solaranlagen als Heizung auskommen. Für die meisten bestehenden Gebäude gilt aber: Mehrfamilienhäuser sparen gegenüber Einfamilienhäusern oft mehr als ein Drittel der Energie, weil über, unter oder neben der eigenen Wohnung die warmen Zimmer der Nachbarn und nicht die kalte Außenwelt angrenzen.

Nun sind klimawirksame Faktoren wie Stromverbrauch und Konsumgewohnheiten von Siedlungsstrukturen weitgehend unabhängig. Dennoch kann man davon ausgehen, dass das Leben im städtisch verdichteten Quartier gegenüber dem Pendeln zwischen Neubausiedlung im Grünen und Arbeitsplatz im Ballungsraum etwa ein Viertel der individuellen CO_2-Emissionen einspart. Es lohnt sich also die Siedlungsstrukturen ins Auge zu fassen, wenn wir den Klimawandel bremsen wollen.

Tübingen hat sich schon zu Beginn der 90er-Jahre auf den Weg gemacht, das Leben in der Stadt neu zu erfinden, und damit quasi nebenbei gezeigt, wie sich hohe Lebensqualität mit niedrigen CO_2-Emissionen verbinden lässt.

Das ist im Wesentlichen das Verdienst des Tübinger Stadtplaners Andreas Feldtkeller. Als nach dem Fall der Mauer die Franzosen ihre Kasernen in Tübingen aufgaben, hatte er die Vision der »Stadt der kurzen Wege«, die er beharrlich realisierte. Herausgekommen sind bis heute zwei mustergültige, vielfach preisgekrönte Quartiere, die einen Dauerstrom von Besuchern aus aller Welt anziehen: das »Französische Viertel« und das »Loretto«.

Feldtkeller vollzog den radikalen Bruch mit vielen Paradigmen des Städtebaus des 20. Jahrhunderts. So galt seit der Charta von Athen (1934) die Funktionstrennung als Leitbild. Lautes, dreckiges Gewerbe sollte aus der Stadt heraus an den Rand in eigene Industriegebiete verlegt werden. Die Versorgung siedelte man in Einkaufszentren mit Autobahnanschluss an. Die Wege zwischen Wohnen, Versorgen und Arbeiten wurden asphaltiert. So entstand nach dem Ideal der Planer die idyllische, ungestörte und ruhige Wohnsiedlung weit weg von Firmen und Geschäften. Für Feldtkeller war diese Vorstellung ein Graus. Er sah darin die tote Schlafstadt, die Isolation bedeutet und städtisches Leben im Keim erstickt.

Auf den frei gewordenen Kasernenarealen in der Tübinger Südstadt stellte er deshalb die stadtplanerischen Paradigmen auf den Kopf: statt Ruhe gezielte Störung, statt Funktionstrennung bunte Nutzungsmischung, statt Parkplätzen für Autos Spielplätze für Kinder.

Um dies zu erreichen, erfand er vollständig neue Regeln für die Entwicklung eines neuen Stadtteils. Die markantesten und umstrittensten Vorschriften: Im Erdgeschoss der Gebäude ist Wohnen unzulässig und Gewerbe vorgeschrieben. Das ganze Quartier ist eine Halteverbotszone, die Autos müssen in Quartiersgaragen am Rand des Viertels abgestellt werden. Die Grundstücke werden klein parzelliert und nicht an große Bauträger verkauft, sondern an Baugemeinschaften. Die historische Bausubstanz wird

Leben in der Stadt der kurzen Wege: das Französische Viertel

größtenteils erhalten und saniert zum Grundriss des neuen Quartiers statt zum Opfer der Abrissbirne.

Entstanden ist so eine nahezu einmalige soziale, kulturelle, architektonische und gewerbliche Vielfalt, die man in anderen Neubaugebieten vergeblich sucht. Im Französischen Viertel leben heute auf rund 10 Hektar 2000 Menschen und haben 800 Personen einen Arbeitsplatz. Es gibt Restaurants und Kneipen, Bioladen und Friseur, Zeitschriftenhandel und Poststelle, Behindertenwohngruppe und privat finanziertes Bürgerhaus, Kindertagesstätte und Ballspielhalle, grüne Innenhöfe und urbane Plätze, Getränkehandel und Hightech-Schmiede, Zimmermannsbetrieb und Nabendynamohersteller auf engstem Raum. Und viele nutzen die Möglichkeit, zu Fuß von der Wohnung zum Arbeitsplatz zu gehen, zum Mittagessen trotz zeitraubender Unternehmensleitung daheim bei der Familie zu sein, die Kinder zu sehen und abends trotzdem »schaffen« zu können, wenn es der Betrieb erfordert.

Was heute wie selbstverständlich anmutet und von der »Wirtschaftswoche« über »Die Zeit« bis zu »Schöner Wohnen« gefeiert wird, war ein gewagtes Experiment. Feldtkellers neue Paradigmen des Städtebaus waren Außenseiterpositionen, und ob sie erfolgreich umgesetzt werden könnten, daran gab es erhebliche Zweifel.

Das begann schon mit dem Erwerb der Liegenschaften. Die Stadt wies einen sogenannten städtebaulichen Entwicklungsbereich aus. Das ist ein selten genutztes Instrument des Baugesetzbuches, das einer Stadt die Möglichkeit gibt, Grundstücke ohne den üblichen Spekulationsaufschlag in ihren Besitz zu bringen.

Normalerweise ist es ja so: Wenn eine Stadt oder Gemeinde ein Baugebiet ausweist, steigen die Grundstückswerte sprunghaft an. Die Grundstückseigentümer verkaufen in der Regel nur zu den hohen Preisen von Wohnbauland, nicht zu den Preisen vor der planerischen Aufwertung.

Im städtebaulichen Entwicklungsbereich sind sie hingegen verpflichtet, zum »entwicklungsunbeeinflussten Wert« zu verkaufen. Das heißt, die Wertsteigerung durch Planung kommt der Stadt und nicht dem Vorbesitzer eines Grundstücks zugute. Die Stadt kann diesen Gewinn im Planungsgebiet reinvestieren oder günstigere Bauplätze anbieten. Tübingen ist diesen Weg trotz erheblicher Widerstände gegangen. Mancher Kritiker sah darin gar eine »Enteignung« – und vielleicht wurde sie nur akzeptiert, weil in diesem Fall vor allem der Bund als Eigentümer der militärischen Liegenschaften betroffen war.

Was danach folgte, wäre ohne den Erwerb der Grundstücke völlig unmöglich gewesen. Denn viele der Regeln für die Südstadtentwicklung konnte nur der Grundstücksverkäufer vorgeben, nicht der Bebauungsplan. Das gilt schon für den Erhalt der Mannschaftsgebäude. Ein privater Investor hätte sie mit großer Sicherheit dem Erdboden gleichgemacht, um in einem Zug gleichförmige und kostengünstige Standardarchitektur hochziehen zu können. Die Stadt machte sich die Mühe, um die Altgebäude herum zu planen und Neubauten behutsam auf früheren Exerzierplätzen und militärischen Nutzflächen zwischen den Mannschaftsgebäuden unterzubringen. Was wo zu stehen kommen sollte, wurde durch einen städtebaulichen Wettbewerb und ein intensives Bürgerbeteiligungsverfahren mit Alternativen ausführlich diskutiert.

Mit diesen aufwendigen Vorarbeiten konnte die Ausschreibung der Grundstücke beginnen. Die Grundstücke wurden so klein parzelliert, dass jeweils ein Haus Platz darauf fand. Ausgeschrieben wurde zu einem Festpreis. Die Bieter konnten also nicht durch höhere Kaufpreise, sondern nur durch die Qualität ihres Konzeptes überzeugen. Ein Ausschuss des Gemeinderats traf die Entscheidung, wer zum Zug kommen sollte. Gezielt wurden Baugruppen zu Bewerbungen animiert und bei der Vergabe bevorzugt.

Baugruppen, das waren vor 20 Jahren noch weitgehend unbekannte Wesen. In Tübingen wurde hier Pionierarbeit geleistet. Mittlerweile existieren Musterverträge und ausreichend erfahrene Architekten sowie gute Beispiele. Das Prinzip ist einfach: Bauwillige tun sich mit einem Architekten zusammen, gestalten gemeinsam ein Haus und individuell eine Wohnung. Sie zahlen in einen Topf, was sonst jeder einem Bauträger zahlen müsste, und finanzieren so ein Projekt, das vom Volumen zwischen drei und 50 Wohnungen umfassen kann. Am Ende gehört ihnen eine selbst gestaltete Eigentumswohnung in einem gemeinschaftlich geplanten, errichteten und finanzierten Gebäude.

Bei der Vergabe der Optionen für die Parzellen im Entwicklungsbereich legte der Ausschuss des Gemeinderats großen Wert darauf, dass Baugruppen ein geeignetes Gewerbe für das Erdgeschoss mitbrachten, eine gewisse Mischung in Sozial- und Altersstruktur herstellten oder innovative Baustile und ökologische Bauweise vorweisen konnten. Am Ende zählte, was langfristig für das künftige Quartier den größten Gewinn versprach, nicht kurzfristig für die Stadtkasse.

In den Kaufverträgen und den Grundbüchern wurden anschließend entsprechende Bedingungen fixiert. So sicherte die Stadt sich ein Vorkaufsrecht für zehn Jahre und definierte eine Obergrenze für Vermietungen von Wohnraum. Damit konnte der Spekulation ein Riegel vorgeschoben und die Vielfalt langfristig gesichert werden. Ebenso wurde die Umnutzung der Erdgeschosse zu Wohnzwecken verbindlich ausgeschlossen.

Wesentlicher Bestandteil des Konzepts war von Anfang an die Schaffung urbaner und privater Räume in den Freibereichen. Von allen angrenzenden Baugemeinschaften gemeinsam gestaltete und genutzte Innenhöfe der Blockrandbebauung sind zu sehenswerten Rückzugsräumen und grünen Lungen geworden. Der öffentliche Raum wurde weitestgehend von seiner Funktion als Verkehrsfläche entlastet. Vorrang haben Fußgänger, Radfahrer und Busse. Radständer gibt es überall. Die Busse fahren im Zehnminutentakt. Die meisten Straßen im Quartier sind Spielstraßen, das gesamte Viertel ist eine Parkverbotszone. Die Parkierungsanlagen sind nicht einzelnen Gebäuden zugeordnet, sondern in mehreren großen Quartiersgaragen am Rand platziert. Wer zum Auto will, muss also erst mal einige Schritte gehen, und die Bushaltestelle ist meist näher als der Parkplatz. So entstehen Plätze und Wege, die von Menschen bevölkert sind und Raum für Begegnung und Kommunikation schaffen.

Die Tübinger Südstadt ist in vielerlei Hinsicht ein Modellprojekt für den Städtebau des 21. Jahrhunderts. Sie schafft die Voraussetzungen für sozialen Zusammenhalt, nämlich Nähe und Nachbarschaft. Sie ist auf den demografischen Wandel eingestellt, weil Alt und Jung im gleichen Quartier leben und sich gegenseitig helfen können. Sie verbindet architektonische Vielfalt und individuelle Gestaltungswünsche mit günstigen Preisen und gemeinschaftlicher Verantwortung. Und sie ist ein Stadt gewordenes Energiesparkonzept, weil sie den Mobilitätsaufwand reduziert, die Nutzung umweltfreundlicher Verkehrsmittel bevorzugt, Flächen schont und Altbausubstanz erhält.

Es ist also kein Zufall, sondern Überzeugung, dass auch ich selbst dort in einer Baugruppe eine Wohnung gebaut habe. In dieser Nachbarschaft fühle ich mich zu Hause. Die Wertschätzung beruht wohl auch auf Gegenseitigkeit: Bei meiner Wahl zum Oberbürgermeister erzielte ich im Französischen Viertel mit 66,3% das beste Ergebnis von allen Tübinger Bezirken.

4.2 Wachstum in Grenzen – Innenentwicklung ohne Ausflüchte

Die im vorigen Kapitel beschriebene Tübinger Südstadtentwicklung hat mich schon in ihrer Experimentierphase fasziniert. Leider habe ich schon viel zu oft gehört, dass so etwas nur in Tübingen geht. Ich glaube das nicht. Sicher, es wird auch weiterhin Menschen geben, die das Häuschen im Grünen bevorzugen. Aber hier fehlt es nicht an Angeboten. Attraktives Wohnen in innerstädtischen Quartieren ist hingegen eine Mangelware, weil sie bislang als nicht vermehrbar, sondern auf historische Stadtbezirke begrenzt angesehen wurde. Wer solche Angebote bereitstellt, wird eine große Nachfrage entdecken.

Auf dieser Basis formulierte ich in meinem Wahlprogramm ein anspruchsvolles Ziel: Tübingen soll bis 2020 um 10000 Einwohner wachsen, ohne sich weiter in die freie Landschaft auszudehnen. Das unterstellt zum einen, dass Tübingen in diesem Zeitraum noch ein Bevölkerungswachstum erfahren kann. Zum andern wird damit verlangt, neuen Wohnraum nur innerhalb des bebauten Gebiets zu schaffen.

Da Baden-Württemberg wegen der guten Lage am Arbeitsmarkt voraussichtlich noch leicht wachsen wird und Tübingen zu den attraktivsten Wohnregionen im Land zählt, ist ein Einwohnerwachstum in der genannten Dimension wahrscheinlich noch möglich. Erst nach 2020 ist auch hier mit Stagnation zu rechnen. Der Landkreis Tübingen hat seit 1990 immerhin fast 25000 Einwohner hinzugewonnen, aber fast alle in Neubaugebieten in Orten rings um Tübingen.

Die Frage, wie viele Menschen auf Bestandsflächen in der Stadt eine Wohnung finden können, beschäftigt bis heute die Gemüter. Schon bald nach meinem Amtsantritt ließ ich die Flächenpotenziale systematisch ermitteln. Das Ergebnis erstaunte mich selbst: Auf rund 700 Baulücken könnte Wohnraum für 3500 Menschen entstehen. Durch Ausbau von Scheunen und Dachgeschossen oder das Aufstocken vorhandener Gebäude kann Platz für weitere 1500 Menschen geschaffen werden. Und mehr als 5000 Menschen könnten auf Brachflächen wie dem ungenutzten Güterbahnhof, den Arealen untergegangener Industriebetriebe oder frei gewordener Liegenschaften des Landes mitten in

Tübingen ein neues Zuhause finden. Obwohl Tübingen eine sehr kompakte und historisch gut erhaltene Stadt mit traditionell geringer Bedeutung der Industrie ist, könnte die Stadt also um mehr als 10% im Innern wachsen! Was bedeutet das erst für Städte, die einen wesentlich größeren Strukturwandel erlebt haben?

Einfach ist es allerdings nicht, aufgegebene oder ungenutzte Flächen für Bauzwecke freizubekommen. Mal haben die Eigentümer exorbitant hohe Preisvorstellungen,

mal müssen Bankenkonsortien und Insolvenzverwalter durch einen Verhandlungsmarathon zu einem Vertragsabschluss gebracht werden, mal hängt das Herz einer Familie am Hühnerstall der Oma mitten im Ort, mal wehren sich die Nachbarn und mal liegen betriebliche Altlasten, ehemalige Müllkippen oder Fliegerbomben unter der Oberfläche. Es gilt also eine unglaubliche Vielzahl von Problemen zu lösen und Interessen zu berücksichtigen. Um wie viel leichter ist es da, ein Baugebiet im Grünen auszuweisen und den Grundstückseigentümern den Verkauf durch eine Wertsteigerung von bis zu 300 Euro pro Quadratmeter schmackhaft zu machen!

Es braucht also einen starken politischen Willen und viel Durchhaltevermögen, um die Innenentwicklung aus der Theorie in die Praxis zu überführen. Immerhin, nach anderthalb Jahren intensiver Verhandlungen ist es Tübingen Ende 2008 gelungen, die größte zusammenhängende gewerbliche Brachfläche im Stadtgebiet zu erwerben. Rund vier Hektar ist das Areal der früheren württembergischen Frottierweberei Egeria groß. Schon bald fällt dort der Startschuss für eine Entwicklung nach dem Vorbild der Südstadt.

Tübingen besteht nicht nur aus der kompakten Kernstadt samt den alten Stadtteilen Derendingen und Lustnau, sondern seit der Gemeindereform 1974 auch aus acht früher selbstständigen Ortschaften mit dörflicher Prägung.

Hier sind besonders viele Baulücken und ungenutzte Wirtschaftsgebäude zu finden. In Unterjesingen habe ich den Versuch unternommen, den von der Politik landauf, landab auf den Lippen geführten Grundsatz »Innen- vor Außenentwicklung« in die Tat umzusetzen. Konfliktfrei verlief das nicht gerade.

Unterjesingen, ein Stadtteil mit 3000 Einwohnern, drängte wie alle dörflichen Gemeinden um Tübingen auf »sein« Neubaugebiet. Noch unter meiner Vorgängerin hatte man sich auf ein Gebiet von rund drei Hektar Größe am Tübingen zugewandten Rand des Ortes geeinigt. Entstehen sollte ein recht klassisches Neubaugebiet in einem ökologisch wertvollen Hangbereich. Die Analyse der Entwicklungsmöglichkeiten im Ort, die ich bald nach meinem Amtsantritt in Auftrag gab, zeigte sehr schnell, dass die gesamte Fläche des Neubaugebiets sich auch im Ort unterbringen ließe. So viele unbebaute Grundstücke, Scheunen und arrondierbare Flächen fand das Stadtplanungsamt dort auf. Ich lud deshalb die Einwohner des Stadtteils zu einer Versammlung ein und warb für den vorläufigen Verzicht auf das Neubaugebiet.

Im Grundsatz widersprach mir niemand. Die Nutzung innerörtlicher Baumöglichkeiten sei völlig richtig, die Schonung der Freiflächen notwendig, aber dieses eine letzte Neubaugebiet für Unterjesingen sei dennoch unverzichtbar. Weil Unterjesingen Nachholbedarf habe und niemand glaube, dass es der Stadt gelinge, die Bauplätze im Innern des Ortes verfügbar zu machen. Als ich am Ende ein Meinungsbild erfragte, wollten kaum 10% meinem Vorschlag folgen, das Neubaugebiet zurückzustellen. Als Demokrat musste ich mich diesem Votum fügen, auch wenn ich es noch immer für sachlich falsch halte.

Man erlebt eben auch unangenehme Überraschungen, wenn man Neuland betritt. Mein erster Versuch, Baulücken im Stadtgebiet nutzbar zu machen, ist von wenig Erfolg gekrönt gewesen. Mit einem persönlichen Anschreiben an die etwa 500 Eigentümer der sofort nutzbaren Baulücken habe ich versucht, diesen den Verkauf ihres Grundstücks schmackhaft zu machen. Nur 15 interessierten sich für ein Kaufangebot der Stadt oder für die neu geschaffene Baulückenbörse im Internet. Es zeigte sich, dass den Eigentümern der Grundstücke an den meist sechsstelligen Erlösen nicht viel gelegen ist, weil sie über genügend liquide Mittel verfügen und es vorziehen, den Bauplatz für eventuelle Bauwünsche der Nachkommen frei zu halten. Eine übrigens sehr, sehr schwäbische Denkweise, die zu der modernen gesellschaftlichen Realität meist nur noch wenige Bezüge hat. In aller Regel ziehen die Enkel eher nach Berlin, Paris oder London als auf den Bauplatz in dem Dorf, in dem die Familie seit zehn Generationen lebt.

Als Reaktion auf die ernüchternde Resonanz meines Baulückenbriefes habe ich die Stadtverwaltung beauftragt, ein neuartiges Instrument zu entwickeln, das die Eigentümer der Grundstücke dazu motivieren könnte, ihre Bauplätze auf den Markt zu bringen. Die Grundüberlegung basiert auf der Annahme, dass die Baulücken ein Ausdruck privater Vorratshaltung von Baugrundstücken sind. Die Lösung des Problems geringer Verkaufsbereitschaft könnte folglich eine gemeinsame Vorratshaltung sein.

Konkret soll den Grundstückseigentümern in einem Stadtteil angeboten werden, ihren Bauplatz in einen Grundstücksfonds der Stadt einzubringen. Sie erhalten dann sofort den normalen Verkehrswert als Preis für einen Verkauf. Die Stadt garantiert jedoch für 25 Jahre ein Rückkaufrecht für ein gleichwertiges Grundstück zum Einstandspreis. Für die Grundstückseigentümer heißt das, sie können den Erlös aus dem Geschäft 25 Jahre anlegen, was auch bei sicheren Staatsanleihen einer Verdoppelung des Kapitals entspricht. Wenn sich tatsächlich in der Familie ein Bedarf für ein Baugrundstück ergibt, können sie jederzeit wieder einen Bauplatz zurückkaufen und den Zinsgewinn behalten.

Die Stadt ihrerseits kann den größeren Teil der Bauplätze sofort an Bauwillige veräußern und Baulücken schließen. Den kleineren Teil hält sie zurück, um möglichen Rückkaufswünschen der früheren Eigentümer entsprechen zu können.

Eine Konstruktion, die für alle Vorteile bietet. Die Grundstückseigentümer können ihr bislang gebundenes Kapital zinsbringend anlegen, ohne auf Optionen für künftige Bauten zu verzichten. Die Stadt kann Bauplätze anbieten und die Innenentwicklung vorantreiben. Bauwillige finden Platz in der Stadt. Die Natur wird nicht durch Neubaugebiete im Außenbereich zusätzlich zerstört. Fragt sich nur, ob die schwäbische Mentalität einen Grundstücksfonds bei der Stadt annehmen kann. Da wird der »Schultes« sicher noch stark gefordert sein.

So ungewöhnlich, dass ich ebenfalls noch viel Überzeugungsarbeit leisten muss, ist meine Vision des Wohnens auf der Straße. In Tübingen wurden wie in vielen anderen Städten vor allem in den 70er-Jahren völlig überdimensionierte Straßen gebaut. Heute wissen wir ganz sicher, dass diese vierspurigen Schneisen auch zweispurig mehr als breit genug wären. Ich habe den Versuch unternommen, diese überflüssigen Verkehrsflächen nach und nach zu Bauland umzuwidmen. Im ersten Anlauf lehnten das allerdings auch 90% der Einwohner in der Nachbarschaft ab.

Für die Stadt hätten solche Umwidmungen dennoch viele Vorteile. Die Grundstücke sind bereits in städtischem Eigentum. Die Umwidmung zu Bauplätzen bringt trotz der Rückbaukosten Geld in die Stadtkasse. Gleichzeitig entfallen die Unterhaltungs- und Sanierungslasten für das unnötige Straßenstück. Finanziell also ein doppelter Gewinn. Die allgemeinen Vorzüge der Innenentwicklung von Schonung der Freiflächen über bessere Ausnutzung der Infrastruktur kommen hinzu. Doch natürlich wird im Stadtrat auch kontrovers darüber diskutiert, ob man eine Straße auf Kosten des Steuerzahlers wieder zurückbauen dürfe oder wer sich in der Nachbarschaft möglicherweise durch neue Bebauung beeinträchtigt fühlen könnte.

Noch ist offen, ob Tübingen nach innen so erfolgreich wachsen kann, wie ich es mir verspreche. Viele Projekte sind auf einem guten Weg, viele aber auch heftig umstritten, befehdet oder blockiert. Theoretisch geht es, der Praxisbeweis steht noch aus. Ich werde an diesem Ziel weiter arbeiten. Eine Stadt, die wirklich blaumachen will, muss die Strukturen schaffen, um vielen Menschen hohe Lebensqualität mit niedrigen CO_2-Emissionen zu ermöglichen. Eine wachsende Stadt kann dies am besten durch qualitativ strukturierendes Wachstum nach innen erreichen.

5 Wer jetzt kein klimafreundliches Haus hat …

5.1 Aus Alt mach Neu – wie Schulen und Rathäuser blau werden

Das größte Tübinger Gymnasium, benannt nach Ottilie Wildermuth, erstrahlt heute in schönstem Blau. Blau schimmern die Solarzellen auf dem Dach und blau leuchtet das ganze Gebäude im Wärmebild. Denn blau ist in thermografischen Aufnahmen die Darstellung kalter Bereiche, während Gelb und Rot hohe Temperaturen an einem Gebäude markieren und damit Hinweise auf Wärmeverluste der Außenhülle geben. Das Wildermuth-Gymnasium ist also energetisch in einem Top-Zustand.

Als ich mein Amt im Januar 2007 antrat, ließ ich mir die Liste der größten Energieverbraucher unter den städtischen Gebäuden vorlegen. Das Wildermuth-Gymnasium stach mit Jahresenergiekosten von über 100 000 Euro sofort heraus. Auch der Verbrauch pro Quadratmeter war mit 155 kWh im Jahr enorm hoch. An Ort und Stelle wurde mir rasch klar, warum.

Das Gebäude ist im Jahr 1928 errichtet worden. Und seither hatte man das Satteldach nicht einmal neu eingedeckt. Ich stand auf der Decke der Klassenzimmer im obersten Dachgeschoss und sah die nackten Ziegel. Absolut keine Dämmung! Ähnlich katastrophal war der Zustand der Fenster. Viele ließen sich mehrere Zentimeter öffnen, ohne den Griff zu drehen, so locker waren die Scharniere. Die Heizungsanlage erlaubte keine Einzelraumsteuerung, und der Direktor berichtete mir, dass im Winter manche Klassenzimmer auf 30 Grad aufgeheizt seien, während man zugleich an anderen Ecken der Schule in der Jacke friere.

Diese Energieverschwendung unverzüglich zu stoppen wurde mein erstes Klimaschutzprojekt. Es fügte sich gut, dass der Erste Bürgermeister Michael Lucke dem Gemeinderat nahegelegt hatte, die Haushaltsberatungen in das Jahr 2007 hinauszuziehen, um dem neu gewählten Oberbürgermeister die Chance zu geben, den Haushalt mitzugestalten. Er war es auch, der mir den Vorschlag machte, für Klimaschutzinvestitionen 400 000 Euro im Haushalt zu veranschlagen.

Durch einen Hinweis der Geschäftsführerin der kommunalpolitischen Vereinigung der Grünen in Baden-Württemberg Sabine Schlager erfuhr ich zur selben Zeit davon, dass die Bundesförderbank KfW soeben ein zinsgünstiges Kreditprogramm für die Sanierung von Schulen aufgelegt hatte. Innerhalb von vier Wochen legte das Hochbauamt ein Sanierungskonzept vor. Und schon im März beschloss der Gemeinderat mit dem Haushalt die energetische Sanierung des Wildermuth-Gymnasiums für 1,7 Millionen Euro.

Die Zustimmung der Gremien war leicht zu erhalten, weil sich zeigte, dass die Investition wirtschaftlich vernünftig ist. Denn die Sanierung sollte nicht nur 60 % der CO_2-Emissionen einsparen, sondern auch 60 000 Euro Energiekosten. Die Zinsen für den Sanierungskredit belaufen sich hingegen nur auf 40 000 Euro jährlich. Solche Investitionen dürfen wir nach meiner Überzeugung keinen einzigen Tag aufschieben. Denn Schulden bei der Bank können wir zurückzahlen, Schulden beim Klima bleiben über Jahrhunderte eine schwere Hypothek.

Als die Bauarbeiten am Wildermuth-Gymnasium in den Schulferien 2007 begannen, bildete sich eine Gruppe von Lehrern, Eltern und Schülern, die das zum Anlass nehmen wollte, das ideal nach Süden orientierte steile Satteldach mit einer Solaranlage zu krönen. In kürzester Zeit gründeten sie eine Gesellschaft, sammelten Einlagen und bestellten die Module. Im Frühjahr 2008 war die Anlage mit 55 kW Spitzenleistung am Netz. Im Herbst 2008 wurde die energetische Komplettsanierung der Schule abgeschlossen. Jetzt lernen die Schülerinnen und Schüler nicht mehr, dass die Stadt zu arm ist, um ihre Schulen zu unterhalten, sondern an moderne Gebäude angepasstes Nutzungs- und Lüftungsverhalten.

Ich bin schon oft gefragt worden, wie ich mir erkläre, dass viele Schulen und öffentliche Gebäude trotz der offensichtlichen Vorteile einer energetischen Sanierung immer noch Energieschleudern sind. Die Antwort ist vielschichtig. Die Mehrzahl der öffentlichen Gebäude wurde zu Zeiten niedriger Energiepreise und vielfach vor der Einführung von Wärmedämmvorschriften errichtet. Solange Gas und Öl billig waren, hat niemand an eine Sanierung gedacht. Als Ende der 90er-Jahre die Preisexplosion einsetzte, hatten die Kommunen längst kein Geld mehr in den Kassen. In Haushaltskrisen wurde vor allem am Unterhalt der Gebäude gespart. Entsprechend marode sind sie heute vielfach.

Nicht ganz außer Acht lassen darf man allerdings den politischen Willen und das Bewusstsein für Energiefragen. Noch immer wissen viele Gemeinden gar nicht, welches Gebäude wie viel Strom und Heizenergie braucht, welche Kosten dafür anfallen und was sich durch eine Sanierung einsparen ließe. Das ist schlicht ein politisches Versäumnis und zeigt, wie viel wir noch zu tun haben, um auch nur die schlimmste Energieverschwendung zu beenden.

In Tübingen sind zwei Jahre nach meinem Amtsantritt die wichtigsten Erkenntnisse abrufbar. Es wurden Zähler eingebaut, um die Wärmeabnahme einzelnen Gebäuden zuordnen zu können. Wir haben Bestandsaufnahmen erstellt, um die Wärmeverluste der Hülle abzuschätzen, die

Das Tübinger Rathaus wie gewohnt und mit Wärmeblick (© MTT Scan)

Gebäudetechnik analysiert und Einsparpotenziale ermittelt. Entstanden ist so eine Sanierungsliste, die schlechterdings schockierende Resultate liefert: In den städtischen Gebäuden ist ein Investitionsrückstand von an die 60 Millionen Euro aufgelaufen. Davon entfallen allein 20 Millionen Euro auf energetische Maßnahmen. Zum Vergleich: Die Stadt hat über lange Zeit nur wenig mehr als zwei Millionen Euro pro Jahr in den Erhalt ihrer Gebäude investiert. Die heute schon vorhandenen Mängel hätten also noch 30 Jahre bis zur vollständigen Reparatur warten müssen!

Wir haben die Konsequenzen gezogen und den Sanierungsetat mehr als verdoppelt. Bis zum Jahr 2020 sollen die städtischen Gebäude einen modernen Energiestandard erreichen. Gemeinsam mit den Stadtwerken führen wir derzeit ein Energiemanagement ein. Kluge Steuerung von Heizungsanlagen und bewusstes Nutzerverhalten sollen schon in zwei Jahren mindestens 10% Energie einsparen. Nach dem Wildermuth-Gymnasium wurde 2008 die Aischbachschule mit KfW-Krediten saniert. Bei der Aufstellung des Haushaltes 2009 hatten wir die ersten Millionenbeträge für zwei weitere Schulsanierungen eingestellt.

Schon in meiner Neujahrsansprache für das Jahr 2008 hatte ich angekündigt, die erhöhten Sanierungsinvestitionen auch dann beizubehalten, wenn die Steuereinnahmen wieder rückläufig sein sollten. Es rechnet sich einfach nicht, öffentliche Gebäude verrotten zu lassen. Die Schäden sind teurer als die Zinsen für Sanierungskredite. Wie schnell allerdings die Steuern einbrechen sollten, davon hatte ich damals noch keine Ahnung.

5.2 Die Finanzkrise als Klimachance

Wer sich heute über die Finanzkrise unterhält, wird sich schwertun, einen Streit zu entfachen. Ob in den Vorstandsetagen der Unternehmen, am Stammtisch oder auf dem Wochenmarkt, das Urteil über die Bankenwelt fällt einhellig und verheerend aus. Im Rückblick ist es sehr leicht, die Fehler zu identifizieren. Die wirtschaftliche Katastrophe, die uns ereilt hat, erscheint als logisch und unausweichlich.

Die Vorgeschichte ist ja verblüffend schnell erzählt. Millionen Menschen in den USA bauen Häuser ohne Eigenkapital und Sicherheiten. Zum ausschließlich mit Schulden finanzierten Eigenheim leisten sie sich bullige Geländewagen für die Ausstattung der neuen Doppelgarage auf Kreditkartenrechnung. Die angesammelten Darlehen verpacken Banken kunstvoll zu Paketen und verkaufen sie mit hohen Zinsversprechen in alle Welt. So sammeln sich Milliarden und Abermilliarden nicht gedeckter Kredite in den Bilanzen an.

Ganz zwangsläufig bricht das Kartenhaus zusammen, wenn die Hypothekendarlehen nicht mehr bedient werden können und die folgenden Notverkäufe die Preise so in den Keller sacken lassen, dass nur ein Bruchteil der Schulden bedient werden kann. Der Rest führt zu Wertberichtigungen in den Bilanzen der Banken und frisst deren Eigenkapital auf – bis sie zusammenbrechen oder vom Staat gerettet werden. Man muss kein schwäbischer Bausparer sein, um die Absurdität dieser Konstruktion zu begreifen.

Unbegreiflich ist allerdings, wieso Banker auf der ganzen Welt die unbesicherten Kredite gekauft und weiterverkauft haben. Die Antwort, die wir hören, lautet: »Gier!« Und wahrscheinlich stimmt das sogar. Natürlich wurden die vergifteten Finanzprodukte wegen ihrer hohen Renditeversprechen gekauft. Ich glaube allerdings, dass diese

Erklärung nicht ausreicht. Sie würde unterstellen, dass in der gesamten Finanzwelt nur kaltblütige Spekulanten und verantwortungslose Hasardeure tätig sind. Es scheint mir, als kann sich die tiefere Erklärung auch auf das Gute im Menschen berufen: Alle, die erkennen konnten, was vor sich geht, haben geglaubt, es werde schon irgendwie gut gehen. Das gilt auch für diejenigen in der Politik, die dem Treiben Grenzen hätten setzen müssen. Es konnte aber nicht gut gehen. Und wir hätten das wissen müssen.

Die Analogie zur Klimakrise liegt auf der Hand. Wenn das Öl verbrannt ist und das Grönlandeis geschmolzen, dann werden unsere Nachkommen so fassungslos auf das Desaster blicken wie wir heute auf die zusammenbrechende Weltwirtschaft. Es gibt allerdings einen gravierenden Unterschied: Die Weltfinanzarchitektur ist von Menschen gemacht. Sie wurde von Menschen im Kern erschüttert. Sie kann von Menschen wieder neu aufgebaut werden. Ganz anders verhält es sich mit der Balance des Weltklimas und den Ressourcenvorräten. Beide sind nicht von Menschen gemacht und können auch nicht wiederhergestellt werden, wenn sie einmal zerstört sind.

Wir hätten also die Chance, jetzt zu sehen, was wir anrichten, wenn wir einfachste und grundlegende Einsichten ignorieren. Wir könnten aus der Weltfinanzkrise lernen, dass es sich lohnt, Systemzusammenbrüche durch vorausschauendes und entschiedenes Handeln zu vermeiden. Wir werden jetzt erfahren, dass es schmerzhaft und teuer wird, wenn Gesellschaften ökonomisch über ihre Verhältnisse zu leben versuchen. Schulden bezahlen sich nicht von selbst. Wir könnten daraus lernen, dass es noch schmerzhafter und teurer wird, wenn wir ökologisch über unsere Verhältnisse leben. Denn ein daraus folgender Zusammenbruch der Wirtschaft wäre nicht nach einigen Jahren vorbei. Ohne Rohstoffe und Energie, aber konfrontiert mit gigantischen Kosten von Klimaschäden und Anpassungsmaßnahmen, würde die Menschheit Jahrzehnte bitterer Not ertragen müssen.

Es steckt also auch in der großen Krise der Gegenwart eine Chance für die Zukunft. Im kleinen Tübingen haben wir schon heute versucht, die Chancen in der Krise zu ergreifen. Der Beginn der großen Turbulenzen in der Weltwirtschaft fiel in die Haushaltsberatungen im Dezember 2008. Jahrelang sollte der Staat sich aus der Wirtschaft heraushalten, nun war er plötzlich wieder gefordert. Wenn

die öffentliche Hand nicht mehr Geld ausgibt, wird die Rezession tief und lange, erklärten einhellig die Ökonomen. Doch wie soll man das viele Geld unter die Leute bringen?

Die große Politik diskutierte viele Vorschläge, von denen die meisten untauglich waren, weil die Lobbys ihre Chance witterten und Interessengruppen ihre jeweiligen politischen Ladenhüter auspackten. Dass Steuersenkungen der Konjunktur nicht helfen, weil sie allenfalls langfristig wirken und das Geld eher gespart als ausgegeben wird, ist fast schon trivial. Trotzdem hat die Politik nicht die Kraft besessen, diesem populären Affekt zu widerstehen. Die nächste Krise ist damit schon wieder programmiert. Denn ein dauerhaft unterfinanzierter Staat kann seine Aufgaben nicht meistern.

Unter all den Vorschlägen schälte sich die Erhöhung der Investitionen in die öffentliche Infrastruktur als einer der besten heraus. Allerdings hatte auch diese Idee einen Pferdefuß: Um gegen die Rezession zu wirken, muss das öffentliche Geld vor allem schnell in die Wirtschaft fließen. Wie gibt man aber schnell viele Milliarden aus, wenn die öffentlichen Auftraggeber jahrelang jeden Euro zweimal umgedreht haben und die Planungskapazitäten entsprechend reduziert sind? Neue Straßen bauen? Bis zur Baugenehmigung vergehen leicht zehn Jahre. Schienenwege? Eher noch schlimmer. Selbst der Neubau einer Kinderkrippe braucht von der Idee bis zur Einweihung schnell drei Jahre.

In dieser Situation waren wir in Tübingen gut vorbereitet und schnell entschieden. Dank der zweijährigen Vorarbeiten verfügten wir über eine detaillierte Analyse der städtischen Gebäude. Wir wussten, welche Gebäude besonders marode sind, in welchem Zustand sich Fassaden, Dächer, Fenster, Mauerwerk und Technik befinden, wie groß der Umfang der notwendigen Arbeiten sein würde und welche Einsparungen bei CO_2-Emissionen und Energieverbrauch wir erreichen könnten.

Dank dieser Kenntnisse mit der Gewissheit ausgestattet, dass wir zusätzliches Geld sofort sinnvoll verwenden können, schlugen Finanzbürgermeister Michael Lucke und ich dem Gemeinderat am 8. Dezember 2008 ein Tübinger Konjunkturprogramm vor. Das war durchaus ein Wagnis, denn die Landesregierung hatte erst an diesem Tag offiziell angekündigt, ein solches Programm für Baden-Württemberg aufzulegen, und die Kanzlerin zögerte noch. Der Gemeinderat war überrascht und verlangte zu Recht konkrete Vorschläge für die Verwendung zusätzlicher Mittel.

Dafür einigten wir uns auf Kriterien, denen die Maßnahmen für das Konjunkturpaket genügen sollten. Natürlich müssen sie schnell umsetzbar sein. Die Aufträge sollen weitgehend in der Region bleiben. Nach Möglichkeit sollen künftige Konjunkturprogramme von Bund und Land zur Kofinanzierung nutzbar sein. Vorrang müssen Investitionen in Bildung und Klimaschutz haben.

Innerhalb von nur drei Tagen stellten die Mitarbeiter der Stadtverwaltung eine Liste mit Projekten zusammen, die diesen Kriterien weitgehend genügen. Es zeigte sich, dass wir im Jahr 2009 unsere Investitionen ohne Weiteres um zehn Millionen Euro steigern könnten, ohne auch nur einen Euro nutzlos auszugeben. Unter den Maßnahmen, die wir identifizieren konnten, sind durchgeplante Sanierungen von Sporthallen und Schulgebäuden, aber auch eine Vielzahl kleinerer Aufträge im Wert von einigen Hunderttausend Euro für Fensteraustausch, Fassadensanierungen, Austausch von Heizungsanlagen oder die Modernisierung von Kindergärten.

Mit diesen Informationen gelang es uns auch, den Gemeinderat von der Sinnhaftigkeit eines Konjunkturpakets zu überzeugen. Nur eine Woche nach der Präsentation beschlossen wir mit Zustimmung aller Fraktionen ein sieben

Millionen Euro schweres Konjunkturpaket im Rahmen der Verabschiedung des Haushaltes 2009. Tübingen war damit die erste Kommune in Baden-Württemberg, die sich auf diese Weise den Herausforderungen der Rezession entgegenstemmte.

Wenn alles klappt, ernten wir eine fünffache – horribile dictu – Dividende. Erstens pumpen wir Geld in den Wirtschaftskreislauf und sichern Arbeitsplätze bei Firmen in der Region. Zweitens verbessert sich schlagartig der Zustand der öffentlichen Infrastruktur und besonders der Schulgebäude wie auch der Kindergärten. Drittens reduzieren wir dauerhaft den Energieverbrauch und die CO_2-Emissionen. Viertens entlasten wir künftige Haushalte, weil das Bauen nun billiger und der Zins niedriger ist als zu Zeiten der Hochkonjunktur. Und fünftens profitieren wir von den Förderprogrammen des Bundes und des Landes, weil wir flexibel die notwendige städtische Kofinanzierung zur Verfügung stellen und passende Projekte benennen können.

Ende Februar 2009 zeigte sich, dass tatsächlich alles klappt wie erhofft. Das Regierungspräsidium genehmigte den Haushalt mitsamt den zusätzlichen Ausgaben und Kreditermächtigungen für das Tübinger Konjunkturpaket. Damit standen 6,7 Millionen Euro städtische Mittel abrufbereit zur Verfügung, als der Bundesrat dem Konjunkturpaket II am 20. Februar zustimmte. Die darin für Tübingen enthaltenen Zuschüsse von vier Millionen Euro können wir schnell abrufen, weil die von uns bereits vorbereiteten Sanierungsmaßnahmen an Schulen und Kindergärten perfekt auf die Förderbedingungen des Bundes passen. In der Summe stehen nun zehn Millionen Euro für zusätzliche Investitionen zur Verfügung. Anders gesagt: Tübingen wird im Jahr 2009 viermal so viel für die energetische Sanierung von Gebäuden ausgeben wie in früheren Jahren.

Nur eine Gefahr müssen wir bannen: das Geld mit vollen Händen auszugeben, ohne nach den Folgekosten zu fragen. Deshalb kommen nur solche Maßnahmen in das Konjunkturprogramm, die in naher Zukunft sowieso unvermeidlich wären. Wir bauen also keine neuen Stadthallen, sondern sanieren alte Schulgebäude. So verbindet Tübingen eine schwäbisch-sparsame Haushaltsführung mit Konjunkturförderung, Bildungsinvestitionen und Klimaschutz.

5.3 Klimafreundlich wohnen – für den kleinen Geldbeutel

Bezahlbarer Wohnraum ist in den meisten Städten ein großes Thema. In Tübingen gilt das ganz besonders, denn hier sind die Preise seit Jahrzehnten nur wenig günstiger als in den teuren Großstädten wie München, Frankfurt oder Stuttgart. Für Neubauwohnungen werden über 10 Euro für den Quadratmeter verlangt und bezahlt. Die Grundstückspreise erreichen in den besten Lagen 600 Euro und mehr für den Quadratmeter.

In den Aufbaujahren nach dem Krieg hat die Stadt mithilfe staatlicher Förderung aus dem sozialen Wohnungsbau und aus eigener Anstrengung mehr als 2000 Wohnungen errichtet und gekauft. Sie befinden sich heute im Eigentum der weitgehend städtischen Tochtergesellschaft GWG, der Gesellschaft für Wohnungs- und Gewerbebau Tübingen mbH.

Ihren sozialen Auftrag, Menschen mit Wohnraum zu versorgen, die auf dem freien Markt nicht unterkommen, erfüllt die GWG seit jeher sehr zuverlässig. Wer in der städtischen Notfallkartei für Wohnungssuchende aufgenommen wird, bekommt fast nur auf diesem Weg ein neues Zuhause. Mit durchschnittlich fünf Euro Monatsmiete je Quadratmeter ist Wohnen bei der GWG in Tübingen eine der günstigsten Möglichkeiten unterzukommen.

Die Kehrseite der Medaille ist allerdings der Zustand vieler Gebäude im Eigentum der GWG. Weil das oberste Ziel die Bereitstellung preiswerten Wohnraums war und die Stadt keine Zuschüsse leisten wollte, wurde nur das Nötigste investiert. Die Wohnungen wurden nach und nach heruntergewirtschaftet. Die Wohnverhältnisse, die Haustechnik und die sanitären Standards entsprachen immer weniger den aktuellen Bedürfnissen.

Energetisch waren viele Häuser einfach nur noch eine Katastrophe. Denn vor der Ölkrise in den 70er-Jahren war Energie so billig, dass Wärmeverluste in der Bautechnik keine Rolle spielten. Aus dieser Zeit stammt der Großteil der Bestände der GWG. Und saniert wurden die Gebäude nie.

Als ich das Amt des Oberbürgermeisters und damit auch des Aufsichtsratsvorsitzenden der GWG antrat, fragte ich nach Zahlen über den Zustand der Gebäude. Ich war verblüfft, dass dazu noch kaum Daten vorhanden waren. Die Liste der Sanierungsvorhaben der nächsten Jahre enthielt zu energetischen Fragestellungen so gut wie keine Informationen. Ich beauftragte deshalb die Geschäftsführung, eine energetische Analyse des Gebäudebestands durchzuführen. Das Ergebnis, das mir nach knapp einem Jahr vorgelegt wurde, war schockierend.

Fast drei Viertel der Gebäude der GWG fielen in die Kategorie »kein Klimaschutz«. Sie befanden sich im Jahr 2007 noch in einem Zustand vor der Inkraftsetzung der zweiten

Wärmeschutzverordnung aus dem Jahr 1984. Tatsächlich waren viele Wohnungen in einem noch weit schlimmeren Zustand. Ich habe zu Weihnachten 2008 Originalfenster aus den 50er-Jahren in städtischen Wohnungen geöffnet – schließen konnte man sie nicht wirklich.

Mit dieser Analyse im Gepäck war für mich klar, dass die Herkulesaufgabe der nächsten Jahre die Sanierung des Großteils der Wohnungen der GWG sein musste. Gemeinsam mit dem Finanzbürgermeister und dem Geschäftsführer der GWG suchte ich nach Lösungen für dieses Problem. Meine Vorgabe lautet zunächst: Bis 2020 werden alle Wohnungen energetisch auf einen modernen Standard gebracht. Das hätte bedeutet, den durchschnittlichen Energieverbrauch von fast 20 Litern Öl pro Jahr und Quadratmeter auf 6 Liter zu verringern. Ich musste leider einsehen, dass dieses Ziel zu ehrgeizig war. Wir einigten uns darauf, dass bis 2020 alle Wohnungen modernisiert werden, deren Energieverbrauch über der Marke von 12 Litern Öl pro Jahr und Quadratmeter liegt.

Um diesen Kraftakt zu stemmen – es geht um annähernd 1000 Wohnungen –, muss die GWG bis 2020 rund 90 Millionen Euro investieren. Eine gigantische Summe, bei der es einem durchaus schwindelig werden könnte. In zahlreichen Sitzungen gelang es uns aber, ein Modell zu entwickeln, das wirtschaftlich realistisch ist und den Gemeinderat in einem fast halbjährigen Diskussionsprozess überzeugte.

Im Kern besteht das Konzept aus drei Punkten. Erstens führt die Stadt der GWG Kapital in Millionenhöhe zu. Zweitens werden die Kaltmieten nach der Sanierung um etwa zwei Euro pro Quadratmeter erhöht. Drittens akzeptiert die Stadt eine höhere Verschuldung der GWG. Alle drei Punkte sind politisch nicht selbstverständlich und erforderten viel Argumentationskunst und Überzeugungskraft.

Die Eigenkapitalzufuhr ließ sich für die Stadt durch die

Übertragung eines Restbestandes städtischer Wohnungen elegant regeln. Der Gemeinderat stimmte zu, der GWG etwa 150 Wohnungen zu verkaufen und den Kaufpreis als Zuschuss sofort wieder zu erstatten. Das brachte eine Verstärkung des Eigenkapitals um fünf Millionen Euro. Eine weitere Möglichkeit zur Verbesserung der Finanzausstattung der Gesellschaft besteht in der Veräußerung eines Teils der Grundstücke, die mit dem Verkauf zunächst kostenlos übertragen wurden.

Die höheren Kaltmieten nach der Sanierung konnte ich auch den sozialpolitisch orientierten Mitgliedern des Gemeinderates mit der Entwicklung der Energiekosten plausibel machen. Der drastische Anstieg der Preise für Öl, Gas und Fernwärme hat in wenigen Jahren die Nebenkosten vieler Mieter glatt verdoppelt. Bei den energiefressenden Altbauten der GWG ergaben sich so bereits Heizkosten von zwei Euro pro Quadratmeter. Nach der Sanierung werden sich diese Kosten mehr als halbieren.

In Preisen von 2008 zahlt ein Mieter für eine rundum sanierte Wohnung also zwei Euro mehr Kaltmiete, spart aber zugleich einen Euro an Nebenkosten. Es verbleibt eine zusätzliche Belastung von einem Euro pro Quadratmeter Wohnraum. Die Beispiele bisher erfolgter Sanierungen zeigen, dass auch die einkommensschwachen Mieter den höheren Wohnkomfort wollen und in der Lage sind, die Mehrkosten zu tragen.

Bleibt die Schuldenfrage. Hier erweist sich die Finanzkrise erneut als Chance. Die Kredite der Förderbank des Bundes, der KfW, sind im Jahr 2009 so günstig wie lange nicht mehr. Die Zinssätze von 1,5 % für zehnjährige Sanierungsdarlehen erlauben es der GWG, eine deutlich erhöhte Schuldenlast zu schultern.

Mit dem Wirtschaftsplan 2009 beginnt das mit großer Mehrheit beschlossene Sanierungsprogramm. Schon im ersten Jahr sind die Auswirkungen bemerkenswert. Die Investitionen in Modernisierungen des Bestandes steigen gegenüber dem bisherigen Durchschnitt um fast das Dreifache auf zehn Millionen Euro an. Statt 25 Wohnungen im Jahr 2008 werden im Jahr 2009 bereits 100 Wohnungen komplett saniert. Nach zwölf Jahren wird die GWG eine jährliche CO_2-Einsparung von fast 5000 Tonnen erreichen. Die zusätzlichen Investitionen werden neue Aufträge im Wert von etwa 60 Millionen Euro für das lokale Handwerk bedeuten. Geld, das hier Arbeit schafft, statt den Reichtum von Gas- und Ölmilliardären in Russland und Abu Dhabi zu mehren.

Hätten wir am bisherigen Sanierungstempo festgehalten, hätte es rund 40 Jahre gedauert, alle Wohnungen zu modernisieren. Viele Häuser wären bis dahin unbewohnbar geworden. Vom Klimaschaden gar nicht zu reden. Nun hat die GWG die Voraussetzungen und den Auftrag, die Sanierung bis 2020 umzusetzen. Das wird die Wohnverhältnisse gerade für Menschen mit kleinem Geldbeutel deutlich verbessern. Und mit großer Wahrscheinlichkeit kostet die sanierte Wohnung im Jahr 2020 einschließlich der Heizkosten weniger als die alte Energieschleuder, die wir heute noch anbieten müssen. Denn auch wenn in der Finanzkrise die Energiepreise kurzfristig wieder nachgeben, wird die Endlichkeit von Öl und Gas die Preise bald wieder nach oben treiben.

Die Tübinger Wohnungsbaugesellschaft übernimmt mit ihrem Sanierungsprogramm eine Vorbildfunktion für die Wohnungseigentümer in der Stadt. Sie zeigt, dass Verantwortung für das Klima mit ökonomischer Vernunft und sozialem Ausgleich durchaus in Übereinstimmung zu bringen sind. Leider ist ein solches Vorbild notwendig, denn die Sanierungsrate im privaten Wohnungsbestand ist kaum besser als bei öffentlichen Gesellschaften. Derzeit wird pro Jahr nur eines von hundert bestehenden Gebäuden energetisch modernisiert. In dem Tempo würde es 100 Jahre dauern, alle Häuser neu einzupacken und die Technik auszutauschen. Bis dahin wäre der Klimawandel leider schon vorbei. Es muss also schneller gehen. Mindestens das dreifache Tempo wäre notwendig. Ganz so wie bei der GWG.

5.4 Gutes Klima für Vermieter und Mieter

An einem kalten Samstagmorgen im Februar 2008 konnten die Bewohner der Wildermuth-Siedlung im Spazieren einen Blick hinter die Fassaden der Nachbarhäuser werfen. Mit einer Wärmebildkamera bewaffnet und von Energieberatern flankiert, marschierte ich in dem überwiegend in den 50er-Jahren erbauten Stadtteil von Haus zu Haus.

Thermografische Aufnahmen oder einfacher gesagt Wärmebilder sind wunderbare Instrumente, um Wärmeverluste an Gebäuden zu verdeutlichen. Ein Bild sagt bekanntlich mehr als tausend Worte. Und selbst wenn es Fachleute braucht, um Fehlschlüsse zu vermeiden, kann auch ein Laie an einem Wärmebild meistens leicht erkennen, wo zum Fenster, zum Dach oder zur Wand hinausgeheizt wird. Ein großer Wärmeverlust wird durch rote Farbe markiert, gut gedämmte Bereiche der Außenhülle erscheinen – natürlich – blau.

Manche Bilder sind wirklich verblüffend. So staunte ich nicht schlecht, dass an einem Ziegelsteingebäude jede einzelne Ritze im Wärmebild deutlich durch erhöhte Temperatur erkennbar war. Eine Wand für Wärme durchlöchert wie ein Schweizer Käse! Und so ging es auch vielen Bewohnern der Siedlung beim Anblick ihrer Häuser.

Allerdings steht zwischen der Erkenntnis, dass ein Haus die Heizenergie allzu großzügig nach draußen abgibt, und dem Beginn von Sanierungsarbeiten häufig ein Problem im Weg: Der Nutzen und die Kosten einer Modernisierung treffen verschiedene Personen. Das gilt zum Beispiel, wenn die Eigentümer so alt sind, dass sie für sich selbst nicht mehr investieren wollen. Am stärksten behindert dieser Effekt aber die Sanierung von Mietwohnungen: Der Vermieter muss die Investition bezahlen, eine Ersparnis hat aber nur der Mieter.

Das ist das Ergebnis einer überholten Rechtslage, die zu ihrer Zeit zu Recht vor allem den Mieterschutz im Blick hatte. Als Energie noch billig war, konnte man sich dabei ganz auf die Kaltmiete konzentrieren. Aus sozialen Überlegungen schränkte der Gesetzgeber die Möglichkeiten des Vermieters, Investitionen in die Wohnung zu nutzen, um die Miete zu erhöhen, drastisch ein. Die dramatische Erhöhung der Nebenkosten konnte diese Regelung nicht aufhalten. Im Gegenteil: Weil für die Vermieter Modernisierungen finanziell unattraktiv waren, verstärkte sie indirekt den Preisauftrieb. Mieterschutz heute heißt also, die Mieter vor den raschen Steigerungen der Energiekosten durch Energiesparinvestitionen zu schützen.

Dafür müsste eigentlich die Rechtslage verändert werden. Will ein Vermieter heute die Kosten energetischer Sanierungen auf die Miete umlegen, so muss er dafür eine Menge Zahlenakrobatik betreiben und bürokratische Hürden überwinden.

Das fängt damit an, dass der Vermieter Erhaltungsaufwendungen selbst zu tragen hat, während er Modernisierungen mit bis zu 11 % ihrer Kosten auf die Miete aufschlagen darf. Klingt logisch, macht in der Praxis aber erhebliche Probleme.

Wenn ein in die Jahre gekommenes Fenster durch ein neues ersetzt wird, dann ist das eine Reparatur, die der Vermieter zahlen muss. Andererseits wird das neue Fenster in jedem Fall weniger Wärme entweichen lassen, und das ist eine Modernisierung. Dieselbe Überlegung gilt für eine alte Heizung oder eine Fassadensanierung. Folglich muss der Vermieter nachweisen, wie groß die Energieeinsparung ist und auf welche Maßnahmen sie zurückgeht. Denn nur dieser Anteil einer Modernisierung ist auf die Miete anrechenbar.

Die Wärmedämmung einer Fassade oder der Austausch eines Fensters ist aber immer beides zugleich: Reparatur und Energieeinsparung. Welcher Anteil der Kosten eines Gerüsts sind Reparaturkosten und was ist der Energieeinsparung zuzurechnen? Und wie viel Energie hat das alte Fenster eigentlich entweichen lassen? Datenblätter dazu gibt es nicht. Ein Nachweis durch Messungen wäre immens aufwendig. Nach Angaben des Haus- und Grundbesitzervereins scheitern vier von fünf privaten Vermietern daran, Modernisierungskosten auf die Miete umzulegen.

Selbst wenn es dem Vermieter gelingt, den Modernisierungscharakter einer Investition zu belegen, gerät er in neue Schwierigkeiten. Jede sinnvolle energetische Sanierung packt Fassade, Dach, Fenster und Heiztechnik auf einmal an. Wer diesen Rat beherzigt, wird aber vom Fiskus bestraft. Denn eine einzelne Erhaltungsmaßnahme kann der Vermieter als sofort abzugsfähige Werbungskosten bei der Steuer geltend machen. Wenn hingegen mehrere Maßnahmen zugleich durchgeführt werden, geht das Finanzamt von einem »Herstellungsaufwand« aus. Das bedeutet, die Investition darf nur auf 50 Jahre mit 2 % jährlich abgeschrieben werden. So lange hält in der Regel keine Heizung und kaum ein Fenster.

Schon das schreckt viele Vermieter ab. Wenn sie sich dennoch zur Sanierung entschließen, warten weitere Fallstricke. Wer zum Beispiel ökologisch richtig handelt und eine Solaranlage zur Warmwasserbereitung auf dem Dach installiert, muss dies ganz aus eigener Tasche bezahlen, weil nur die Energieeinsparung und nicht der Ersatz fossiler Energie durch erneuerbare Energien eine energetische Sanierung im Sinne des Mietrechts ist. Dabei ist eine Solaranlage viel schneller aus Einsparungen bezahlt als ein neues

Fenster. Das Mietrecht verhindert also sinnvolle Investitionen in Klimaschutz, statt sie zu befördern.

Da die Bundespolitik offenbar nicht die Kraft und nicht die Zeit findet, sich solchen Problemen zuzuwenden, wollen wir in Tübingen durch ein lokales Bündnis einen Ausweg aus der Misere finden. Dazu arbeiten der Haus- und Grundbesitzerverein und Mieterverein mit der Kreishandwerkerschaft gemeinsame Empfehlungen zu energetischen Sanierungen aus. Die Stadt unterstützt dies moderierend.

Das Konzept sieht vor, zu Beginn jeder Sanierung einen von der Kreishandwerkerschaft zertifizierten Energieberater einzuschalten. Dieser soll einen Maßnahmenplan entwickeln und dessen erwartbare Heizkostenersparnis ermitteln. Den Mietern wird empfohlen, einer sanierungsbedingten Mieterhöhung zuzustimmen, die bis zu 10% über diesem Betrag liegt, und keine Mietminderungen während der Modernisierungsarbeiten geltend zu machen. Denn damit sichern sie sich gegen künftige Energiepreissteigerungen ab. Mit dieser ebenso simplen wie effektiven Empfehlung könnten sich viele Schwierigkeiten des Mietrechts und dessen Bürokratie elegant aushebeln lassen. Die ökologisch und ökonomisch so sinnvollen Solaranlagen auf dem Dach würden sich plötzlich auch für Vermieter bezahlt machen.

Weitere Anreize für energetische Modernisierungen soll der Tübinger Mietspiegel setzen. Bislang wurde in solchen Preisvergleichen vor allem auf das Baujahr und die Ausstattung geachtet. Ich werde dem Gemeinderat vorschlagen, als eine der ersten Städte in Deutschland einen ökologischen Mietspiegel einzuführen, der den Energiestandard einer Wohnung anstelle des Alters bewertet. Das ergibt auch sachlich Sinn, denn oft sind Altbauten besonders attraktive Wohngebäude.

Der ökologische Mietspiegel knüpft an den Gebäudeenergieausweis an, der seit 2008 für ältere Gebäude Pflicht ist und schon bald generell für jedes Mietobjekt vorgelegt werden muss. Damit können die Mieter auf einen Blick erkennen, wie viel sie für Heizenergie bezahlen müssen. Der ökologische Mietspiegel soll verdeutlichen, welche Kaltmiete üblicherweise für vergleichbar gut gebaute oder sanierte Gebäude zu zahlen ist. Das wird, so hoffe ich, die Nachfrage auf sanierte Mietwohnungen lenken und die Eigentümer bei Mieterwechseln darauf stoßen, Energiesparinvestitionen anzupacken.

Natürlich darf man sich keine Illusionen machen. Die Abschreibungsbedingungen kann man kommunal nicht verändern. Empfehlungen sind nur Hilfsinstrumente. Aber das soll nicht daran hindern, das Mögliche zu tun. Und wer weiß, vielleicht entdeckt die große Politik in Berlin ja doch noch den Reformstau im Mietwohnungsbau?

5.5 Schaffe, schaffe, Häusle dämme

Eine historische Altstadt, von Kriegsbomben und Abrisswut der Nachkriegszeit verschont, ist ein Kleinod. Für die Energiebilanz einer Stadt ist eine mehrere Hundert Jahre alte Bausubstanz eher Ballast, könnte man meinen. Verglichen mit den schnell hochgezogenen Siedlungen der 50er- und 60er-Jahre stimmt das aber gar nicht. Ein leidlich erhaltenes Tübinger Altstadthaus ist besser gedämmt als ein Einfachbau aus Beton. Lehm, Stroh und Holz haben deutlich günstigere energetische Eigenschaften. Brennholz war vor 500 Jahren teuer, Öl war vor 50 Jahren billig. Daran angepasst wurde gebaut. Und rechnet man die Energie mit ein, die für Abriss und Neubau bei modernen Gebäuden nach spätestens 100 Jahren benötigt wird, dann ist so ein Altstadthaus ein echtes Energiesparmodell.

Doch auch ein Haus aus dem Mittelalter lässt sich noch verbessern. Eines der schönsten Beispiele steht am Tübinger Altstadtrand: das Nonnenhaus. Es handelt sich um ein 1488 als Beginenkloster errichtetes Fachwerkhaus, das mit 30 Metern Länge zu den größten in Tübingen gehört. In der Reformation nach der Auflösung der Klöster kam das Haus 1535 in den Besitz des Medizinprofessors und Botanikers Leonhart Fuchs. Dieser kultivierte im benachbarten Garten zahlreiche Arzneipflanzen, die den Ursprung des Tübinger Botanischen Gartens bildeten.

Im Sommer 2008 wurde das neue Nonnenhaus eingeweiht. Fast 200 Interessierte versammelten sich auf dem Vorplatz. Ich würdigte das vorbildliche Engagement der Bauherrenfamilie Gumrich und erläuterte dem staunenden Publikum, dass wir nun vor dem ältesten Niedrigenergiehaus Deutschlands stünden. Tatsächlich ist es gelungen, das Gebäude nicht nur historisch so kunstfertig zu restaurieren, dass die Denkmalstiftung Baden-Württemberg das Nonnenhaus zum Denkmal des Monats April 2008 erklärte. Zugleich wurde aus dem alten Gebäude ein Niedrigenergiehaus. Im Neubau ist das heute keine Kunst, aber das Nonnenhaus hat eine Baugeschichte, die ins Jahr 1187 zurückreicht. In diesem Jahr keimte die Eiche, aus deren Stamm der älteste bisher bestimmte Balken im Fachwerk des Gebäudes gefertigt wurde.

So vorbildlich sind auch in Tübingen leider nur die wenigsten Eigentümer. Manche haben das Altstadthaus geerbt, sind längst weggezogen und betrachten es nur noch als Renditeobjekt. Seit der großen Altstadtsanierung in den 70er-Jahren, in der Tübingen sich schön herausgeputzt hat, ist wieder ein Sanierungsstau entstanden. Dem begegnet die Stadt mit neuen Anreizprogrammen.

Zu meiner Amtseinsetzung brachte Regierungspräsident Hermann Strampfer in seiner Grußbotschaft der Landesregierung ein passendes Geschenk mit: Tübingen, so kündigte er an, werde in das Förderprogramm »Stadtumbau West« aufgenommen. Damit beteiligen sich Bund und

Land mit 60% an förderfähigen Kosten. Das Land hielt Wort, der Gemeinderat setzte im Frühjahr 2008 die Sanierungssatzung für das Gebiet »östlicher Altstadtrand« in Kraft und legte Fördersätze fest.

Diese Gelegenheit nutzten wir, um die Zuschüsse an Klimaschutzmaßnahmen zu koppeln. Wer in sein Haus investieren und eine Förderung erhalten möchte, muss einen Sanierungsvertrag mit der Stadt abschließen. Die Bedingungen dafür kann der Gemeinderat autonom festlegen. Wir beschlossen, dass die Installation einer umweltfreundlichen Wärmeversorgung und eine Dämmung des Dachstuhls zur Voraussetzung für Zuschüsse gemacht werden. Für die Instandsetzung einer renovierungsbedürftigen Fassade ohne Wärmeschutz zahlt die Stadt 20% Zuschuss. Entscheiden die Eigentümer sich aber für eine Wärmedämmung, steigt der Zuschuss auf 35%. Das Förderprogramm ist schon im ersten Jahr ausgebucht.

Dieser Erfolg zeigt, dass mit Anreizen Investitionen privater Eigentümer in Klimaschutz an Gebäuden möglich sind. Förderquoten von 30% wie in einem Sanierungsgebiet wären für den Staat zwar zu teuer. Aber die Bundesregierung könnte und müsste mehr tun, damit die Sanierungsquote auch selbst genutzter Gebäude steigt. Das Steuerrecht ist auch hier nicht auf der Höhe der Zeit. Energiesparinvestitionen könnten zum Beispiel wie neuerdings Handwerkerrechnungen von der Steuer absetzbar werden.

Heute gibt es für Eigentümer eigentlich nur eine Möglichkeit, Steuern im Eigenheim zu sparen: die Denkmalschutzabschreibung. Investitionen, die zum Erhalt eines Kulturdenkmals dienen, können mit 10% pro Jahr abgeschrieben werden. Tübingen hat viele denkmalgeschützte Gebäude. Eigentlich ist die ganze Altstadt ein Denkmal. Für solche Fälle kann der Gemeinderat Gesamtanlagenschutz beschließen. Dann wird jedes Gebäude im definierten Gebiet zum Denkmal und profitiert von den Abschreibungsmöglichkeiten. Darüber wird in Tübingen schon lange diskutiert, ich meine, es ist jetzt an der Zeit, das umzusetzen. Der Gemeinderat wird sich damit schon bald befassen können.

Auch wenn die Sanierungsinitiative für die Tübinger Altstadt erfolgreich ist, wird der Wärmeverbrauch dort relativ hoch sein. Die schönen alten Häuser benötigen eben doch etwas mehr Energie. Günstig ist hingegen, dass sie besonders dicht stehen: Nirgendwo leben in Tübingen mehr Menschen auf einem Hektar Grundfläche als in der Altstadt. Eigentlich also ein ideales Absatzgebiet für die Fernwärme. Und genau das haben wir vor. Die Modernisierung des Fernheizwerks an der Universität durch die Stadtwerke hat dessen Effizienz so sehr erhöht, dass allein durch die eingesparten Wärmeverluste große Teile der Altstadt versorgt werden könnten. Das Fernwärmenetz reicht bisher genau an die Grenze des Stadtkerns, jetzt soll es durch neue Leitungen hineinwachsen.

Das überraschende Zwischenergebnis lautet: In der Tübinger Altstadt lässt sich Klimaschutz mit der historischen Bausubstanz besonders gut verwirklichen! Hier stehen besondere finanzielle Anreizsysteme zur Sanierung zur Verfügung, hier kann eine effiziente Energieversorgung aufgebaut werden. Einzig bei Solaranlagen auf den Dächern bleibt etwas Zurückhaltung geboten.

Schwieriger ist es leider, private Hauseigentümer in großer Zahl zu Sanierungen ihrer Häuser zu bewegen. Die Ursachen dafür sind auch abgesehen von den fehlenden steuerlichen Anreizen vielfältig:

Die wichtigste schien im Jahr 2008 wegzufallen, als der Ölpreis auf Rekordwerte von 140 Dollar für das Fass anstieg. Denn billige Energie ist der größte Feind jeder Energiesparinvestition. Sie wird unwirtschaftlich. Die Rezession hat uns für das Jahr 2009 wieder billiges Öl beschert. Von

Dauer wird das aber nicht sein – doch wird so mancher Eigentümer jetzt wieder warten, bis sich sparen auch finanziell lohnt.

Ein zweiter wesentlicher Grund ist die Altersstruktur der Eigentümer in unserer Gesellschaft. Eigentumsbildung erfolgt im Laufe des Lebens und besonders fleißig war hier die Aufbaugeneration nach dem Krieg und im Wirtschaftswunder. Nun sind diese Menschen in Rente, sie können Investitionen in der Regel nur noch aus Erspartem finanzieren und sehen für sich selbst und den Rest ihres Lebens keine Rendite mehr. Die Sanierung wird aufgeschoben, bis Erben oder Käufer einziehen.

Drittens fehlt es den Eigentümern meist an den notwendigen Informationen. Die Heizkostenabrechnung kennt man noch. Aber was bedeutet das für das eigene Haus in Kilowattstunden pro Quadratmeter? Ist das Haus gut gedämmt oder eine Energieschleuder? Wo entweicht besonders viel Energie? Lohnt sich der Austausch der Heizung oder der Fenster eher? Welche Förderprogramme lassen sich anzapfen? Fragen über Fragen, denen sich viele Hauseigentümer nicht stellen wollen oder können.

Und viertens steht das Baurecht der Modernisierung allzu oft entgegen. Bebauungspläne aus den 50er- und 60er-Jahren sind häufig sehr restriktiv, erlauben zum Beispiel nicht den Ausbau des Daches oder den Anbau eines südorientierten Solargebäudeteils. Der Zuschnitt des alten Hauses passt nicht mehr auf neue Bedürfnisse, Veränderungen werden nicht genehmigt, dann bleibt alles, wie es ist, auch die Fassade und die Heizung.

An den Energiepreisen und der Altersstruktur der Hauseigentümer kann und sollte eine Kommune nichts zu ändern versuchen. Andere Akteure entscheiden darüber. Das Baurecht und die Information lassen sich aber vor Ort verbessern, wenn auch mühsam, wie ich lernen musste.

Wichtiger als Klimaschutz ist im deutschen Recht nämlich der Nachbarschutz. Wer eine Wärmedämmung auf sein Haus aufbringen will und damit den Abstand zum Nachbarhaus um kritische Zentimeter verkürzt, der gerät schnell in Konflikt mit dem Gesetz und muss bei Einsprüchen das Vorhaben fallen lassen. Dem Landesjustizminister habe ich das einmal brieflich vorgetragen, geändert hat sich nichts. So manches Haus in Tübingen wäre heute schon saniert, wenn nicht die Nachbarn gegen alles und jedes Widerspruch erheben würden. Die Baurechtsbehörde darf von Vorschriften des Bebauungsplanes durchaus befreien, aber der Nachbar kann verlangen, dass sie das unterlässt. Und so ist es häufig. Trotzdem ist unsere Linie, Befreiungen für energetische Modernisierung so großzügig zu handhaben wie möglich. Der Gemeinderat hat dem im Grundsatz sein Plazet erteilt.

Wenn die Nachbarn nicht mitspielen, muss der Bebauungsplan geändert werden, dann hört es mit der Prozesshanselei auf. Leider ist das sehr aufwendig und lohnt sich nicht für ein einzelnes Haus. Wir analysieren deshalb mittlerweile, wo besonders viele an sich sinnvolle Vorhaben durch Einsprüche verhindert werden, und wollen in Zukunft solche Bebauungspläne vorrangig modernisieren. Betroffen sind überwiegend Gebiete, die in den 50er-, 60er- und 70er-Jahren entstanden.

Und natürlich wollen wir informieren. Die Stadtwerke Tübingen haben sich deshalb als Gesellschafter an der Gründung einer Energieagentur des Landkreises beteiligt. Sie bietet kostenlose Erstberatungen für alle Fragen um die Modernisierung des Hauses. Im ersten Jahr des Bestehens wurden so im ganzen Kreis rund 600 Eigentümer mit Wissen für die richtige Sanierung versorgt. Ein schöner Anfangserfolg, doch bleibt viel zu tun. Ich habe mir einmal ausrechnen lassen, wie viele Beratungen für Bürger der Stadt Tübingen im Monat herausgekommen sind. Es waren leider nur 15. Bei geschätzten 30 000 sanierungsbedürftigen privaten Wohneinheiten in der Stadt würde es also 170 Jahre dauern, bis sich alle Eigentümer zumindest einmal über ihre Möglichkeiten informiert hätten!

Wahrscheinlich brauchen wir neben all den technischen Veränderungen und strukturellen Reformen eben doch einen kulturellen Wandel. Am schnellsten wird die energetische Modernisierung vorankommen, wenn sie chic ist. Der Weg dahin scheint offen zu stehen. Ich war jedenfalls ein bisschen stolz, als der Klinikumsdirektor vor Kurzem eine

Einladung zu sich nach Hause mit dem Hinweis verbunden hat, wie viel Geld die Komplettsanierung seines Wohnhauses gekostet und wieviel CO_2-Einsparung er damit erreicht habe.

Man fährt ja auch nicht mit einer 30 Jahre alten Rostlaube durch die Gegend.

6 Unterwegs in eine bessere Welt

6.1 Der TüBus macht mobil

Wer in Tübingen unterwegs ist, kann die gelb-roten Busse des Stadtverkehrs nicht übersehen. Gelb-rot, das sind die Stadtfarben. Der TüBus kann also beim besten Willen nicht optisch blaumachen. Aber inhaltlich hat der Stadtverkehr einiges zu bieten. Ein dichtes Netz von fast 400 Haltestellen garantiert, dass so gut wie niemand mehr als 300 Meter von der Wohnung zum Bus laufen muss. Ein Halbstundentakt an Werktagen gilt als Mindeststandard, die Schwerpunktziele sind über den ganzen Tag im Viertelstundentakt verknüpft und auf den Hauptachsen gilt sogar ein Fünfminutentakt.

Dieses für die Größe Tübingens herausragende Angebot ist das Ergebnis von zwei Jahrzehnten kontinuierlicher politischer Arbeit. Die erste rot-grüne Koalition im Tübinger Stadtrat hat Mitte der 80er-Jahre mit der Einführung vergünstigter Umweltmonatskarten den Anfang gemacht. Durch die Übernahme der sogenannten Konzession, des Rechts zum Betrieb von Linienbusverkehr im Stadtgebiet, schuf der Gemeinderat in den 90er-Jahren die Voraussetzung dafür, die Fahrpläne vollständig politisch zu bestimmen. Das war entscheidend.

Bis dahin hatte der Markt dafür gesorgt, dass Busse fuhren, wenn sie gut gefüllt waren. Also zu Schulzeiten und im Berufsverkehr in großer Zahl, ansonsten eher sporadisch und gar nicht am Abend oder am Wochenende. Das war ein Angebot für Schüler und berufstätige Männer, aber keine vollwertige Alternative zum Auto. Man konnte es den schwäbischen Busunternehmern auch nicht verdenken, dass sie Gewinne machen wollten und folglich schwächer nachgefragte Fahrten nicht anboten.

Durch die Übernahme der Konzession konnte die Stadt Busfahrten bestellen, wann immer sie das für opportun hielt. Das ermöglichte einen Strategiewechsel von der Bedarfs- zur Angebotsplanung. Der TüBus sollte mobil machen, also alle normalen Mobilitätsbedürfnisse erfüllen. So entstanden leicht merkbare Taktfahrpläne, durchgehende Angebote über den ganzen Tag und Mindestfrequenzen am Abend und am Wochenende. Dafür bestellte die Stadt die entsprechenden Fahrleistungen bei den Busunternehmen.

Natürlich war das nicht umsonst zu haben. Der Busverkehr war bis Mitte der 80er-Jahre in Tübingen kostendeckend betrieben worden. Heute benötigt er etwa zwei Millionen Euro Zuschuss pro Jahr. Es fällt der Stadt etwas leichter, diese Belastung zu tragen, weil der Busverkehr den Stadtwerken angegliedert wurde. Über den sogenannten steuerlichen Querverbund können die Verluste aus dem Busverkehr mit den Gewinnen aus dem Energiegeschäft verrechnet werden und vermindern die Steuerlast des Unternehmens entsprechend. Dadurch zahlen Bund und Land ein Drittel des Defizits mit.

Der Gegenwert kann sich sehen lassen. Die Zahl der Fahrgäste hat sich in den vergangenen 25 Jahren annähernd verzehnfacht. Wo sollten all die Autos parken und fahren, wenn es diese Entwicklung nicht gegeben hätte? Heute sind an einem Werktag 60 000 Menschen mit dem TüBus unterwegs. Das heißt, jede vierte Fahrt in Tübingen findet mit den rot-gelben Stadtbussen statt.

Doch es können noch mehr werden. In den Jahren seit 2007 haben wir doppelt so viele neue Busse geordert wie bis dahin üblich. Wir richten neue Buslinien ein, verdichten die Takte und steigern die Transportkapazität durch größere Fahrzeuge. An den wichtigsten 30 Haltestellen wird eine sogenannte dynamische Fahrgastinformation eingerichtet. Damit können die Fahrgäste erkennen, ob der Bus fahrplanmäßig unterwegs ist, eine Verspätung aufweist oder gar ausfällt, und entsprechend umdisponieren. Auf allen Hauptbusrouten in Tübingen wird im Jahr 2009 ein Busbevorrechtigungssystem aktiviert. Nähert sich ein Bus einer Ampel, bekommt er automatisch Grün. Das reduziert die Fahrzeiten erheblich und macht den Bus gegenüber dem Auto noch ein Stück attraktiver.

Der Stadtverkehr Tübingen verfügt nun über eine der modernsten Busflotten in Deutschland. Im Frühjahr 2008 wurden die TüBusse mit Abgasfiltertechnik der neuesten Generation ausgerüstet. Damit ist nun der Betrieb in der Umweltzone Tübingen uneingeschränkt möglich. Alle seit 2007 angeschafften Neufahrzeuge entsprechen mit Euro 5/EEV dem neuesten Stand der Technik und erfüllen bereits die für 2014 vorgesehene Norm Euro 6. Alle technisch nicht umrüstbaren Busse wurden im Jahr 2008 durch Neufahrzeuge ersetzt. Die gesamte Flotte ist auf Niederflurfahrzeuge und Russpartikelfilter umgestellt. Und sämtliche Neuanschaffungen des Jahres 2009 haben den blauen Engel für lärm- und schadstoffarme Technik erhalten. So macht sogar der TüBus blau.

Für die kommenden Jahre habe ich mir vorgenommen, das Tarifsystem blau einzufärben. Öffentlicher Nahverkehr trennt die Gesellschaft heute nämlich recht klar in die Vielfahrer und die Niefahrer. Die Hälfte aller Deutschen sagt von sich, niemals oder sehr selten mit Bus und Bahn unterwegs zu sein, 30 % höchstens einmal pro Woche und nur 20 % steigen täglich oder mehrmals pro Woche in öffentliche Verkehrsmittel ein. Mit anderen Worten: Wenn Sie in einem Bus oder einer Straßenbahn unterwegs sind, dann treffen Sie dort nur Menschen, die etwa ein Viertel der Bevölkerung repräsentieren. Drei Viertel sind anders unterwegs, hauptsächlich mit dem Auto.

Das hat viele Ursachen, von der Fahrthäufigkeit über die Netzdichte bis zur Angebotsqualität und dem Image öffentlicher Verkehrsmittel. Aber ein ganz wesentlicher Grund liegt im Tarifsystem verborgen. Praktisch alle öffentlichen Verkehrsmittel in ganz Deutschland sind unschlagbar günstig, wenn man sie als Dauerkunde nutzt. Monats-, Jahres-, Umwelt-, Schüler- und Studierendenfahrkarten werden zu Preisen angeboten, mit denen das Auto nicht konkurrieren kann. Will man jedoch nur gelegentlich mit Bus oder Bahn zum Einkaufen oder zu einer Kulturveranstaltung, so fällt man unter den Einzelfahrscheintarif und der ist oft abschreckend teuer.

Am Beispiel Tübingens stellt sich das wie folgt dar: Mit einem Semesterticket für Studierende kostet die tägliche Fahrt mit Bus und Bahn aus dem ganzen Verkehrsverbund der Region zur Uni gerade mal 40 Cent. Wer hingegen aus der Tübinger Nordstadt ausnahmsweise zum Einkaufen in die Altstadt mit dem Bus fahren will, bezahlt pro Richtung bis zu 2 Euro. Die Spaltung der Gesellschaft in Vielfachnutzer und Niemalsnutzer hat also eine eindeutige Entsprechung im Tarifsystem. Wer viel fährt, fährt günstig, wer wenig fährt, fährt teuer – und deshalb lieber mit dem Auto.

Dieses Problem zu lösen ist nicht einfach. Wegen des hohen Aufwands für den Verkauf und die Kontrolle von Einzelfahrscheinen müssen die Verkehrsbetriebe durch den Preis einen starken Anreiz zum Kauf von Zeitkarten setzen. Tatsächlich wirkt der hohe Preis für Einzelfahrscheine aber in zwei Richtungen: Gewünscht ist der Lenkungseffekt zu den Dauerfahrkarten, unerwünscht ist der Abschreckungseffekt gegenüber Gelegenheitskunden. Es käme also darauf an, den Lenkungseffekt zu erhalten, ohne den Abschreckungseffekt hinzunehmen. Eine einfache Preissenkung für Einzelfahrscheine erreicht das nicht. So kann zwar der

Abschreckungseffekt verringert werden, aber nur in dem Maß, in dem auch der Lenkungseffekt und die Einnahmen insgesamt zurückgehen.

Ein immer wieder diskutiertes Alternativmodell ist der Nulltarif: Öffentlicher Nahverkehr soll den Bürgerinnen und Bürgern einer Region als Bestandteil der Daseinsvorsorge kostenlos zur Verfügung gestellt werden. Das bekannteste Beispiel einer Stadt, die damit erfolgreich war, ist das belgische Hasselt. Dort fiel der Nulltarif allerdings leicht, weil nur wenige Menschen überhaupt mit dem Busverkehr unterwegs waren und die Einnahmen nur einen Bruchteil der Kosten deckten. In Tübingen ist das anders: 85 % der Kosten des Busverkehrs sind durch Einnahmen gedeckt. Das macht einen Betrag von über acht Millionen Euro aus. Zum Vergleich: Die Grundsteuer als zweitwichtigste kommunale Steuer erbringt in Tübingen zwölf Millionen Euro jährlich. Sie müsste also etwa zwei Drittel höher ausfallen, um den Nulltarif zu finanzieren.

Nun finde ich diese Idee eigentlich gar nicht so abwegig. Für 150 Euro pro Kopf und Jahr freie Fahrt im ganzen Stadtgebiet, das würde für Stadt und Umwelt viele Vorteile erbringen. Ich glaube allerdings nicht, dass die Zeit dafür schon reif und eine Mehrheit im Stadtrat erreichbar ist. Deshalb tüfteln wir gerade an einem Modell, das die Einnahmeausfälle in Grenzen hält, keine Verluste bei den Dauerfahrkarten befürchten lässt und dennoch neue Kundschaft lockt, die im besten Fall sogar an den TüBus gebunden wird. Das nennt man den Klebeeffekt.

Die Idee lässt sich in zwei Sätzen skizzieren. Das Tarifsystem bleibt unverändert. Aber an Samstagen gilt ein Tübinger Personalausweis als Fahrkarte im TüBus. Das dürfte die Dauerkunden nicht zur Rückgabe ihrer Abonnements bewegen. Wer eine Zeitkarte kauft, fährt in der Regel viel unter der Woche und nicht nur an Samstagen mit dem Stadtbus. Andererseits ist die große Gruppe derjenigen, die den TüBus nur selten oder niemals nutzen, mutmaßlich unter der Woche mit dem Auto unterwegs und am ehesten am Samstag daran interessiert, einmal in den Bus zu steigen. Dann findet man nämlich nicht so leicht einen Parkplatz in der Stadt und möchte gerne zum Bummeln oder Einkaufen ins Zentrum, wohin alle Buslinien fahren. Nebenbei ist ein Nulltarif für den TüBus am Haupteinkaufstag damit auch eine Maßnahme zur Stärkung des Einzelhandels in der Innenstadt.

Die Umsetzung stößt bisher vor allem an eine Zuständigkeitsgrenze: Da Tübingen Mitglied in einem regionalen Verkehrsverbund ist, der bis zu 60 Kilometer über die Stadtgrenzen hinausreicht, kann die Stadt nicht allein über den Tarif bestimmen. Die Erlösausfälle müssten den anderen Partnern im Verkehrsverbund in voller Höhe ersetzt werden. Dort wirkt die Idee eines kostenlosen Busverkehrs vorerst eher verstörend. Diese Vorbehalte auszuräumen ist eine der Aufgaben, die ich mir für dieses Jahr gestellt habe. Ich hoffe, dass der Nulltarif im samstäglichen Stadtverkehr zum Fahrplanwechsel im Dezember 2009 eingeführt wird.

6.2 Was tun, wenn der letzte Bus weg ist?

Als ich mein Studium in Tübingen im Wintersemester 1993/94 begann, freute ich mich über das gute Angebot des TüBus. Alle 20 Minuten von der Haustür an die Uni, und das für 148 Mark im Semester, das schien mir bei Tübingens hügeliger Lage attraktiv. Denn eine Bleibe hatte ich nur auf einem Höhenzug gefunden, der von den Lehrgebäuden der Mathematik auf ihrem eigenen Berg durch das Ammertal getrennt war. Das hieß 250 Höhenmeter für eine Hin- und Rückfahrt. Zu viel für mein altes Fahrrad – oder meinen damaligen Bergfahrtswillen, je nachdem.

So gut das Angebot insgesamt war, so sehr habe ich mich über den Fahrplan am Abend geärgert. Ab 21 Uhr nur noch alle Stunde ein Bus und der letzte schon um 23.34 Uhr ab Universität. Da gingen die Feste doch erst richtig los! Richtig abstrus fand ich aber, dass der letzte Bus ausgerechnet am Samstag nicht fuhr. Betriebsschluss um 22.34 Uhr! Da waren noch nicht einmal die Kinovorstellungen zu Ende. »Wer denkt sich so was aus?«, fragte ich mich – und wenig später die Verantwortlichen.

So saß ich im April 1995 am Schreibtisch von Manfred Schwarz, dem Chef des städtischen Busverkehrs bei den Stadtwerken Tübingen. Ich hatte mich mit Zahlen bewaffnet. Wann immer ich unter der Woche den letzten Bus zu meiner Wohnung nahm, zählte ich die Insassen. Es waren im Schnitt über 40 und damit mehr als am Tag. Mein Argument war ganz einfach: Wenn schon unter der Woche so viele Leute den letzten Bus nutzen, dann werden es am Samstag eher noch mehr sein. Diese Fahrt muss her! Und siehe da, Herr Schwarz hatte ein Einsehen und ich »meinen« Bus. Ich saß fortan öfters sehr stolz in der letzten Samstagsfahrt und zählte wieder. Mit dem erwarteten Ergebnis: alle Sitzplätze belegt.

Dieser kleine Erfolg ermutigte mich dazu, weitergehende Ideen auszuarbeiten. Abends am Schreibtisch entwickelte ich ein Linienkonzept für einen Nachtbus in Tübingen. Die Idee hatte ich aus Stuttgart, wo ein solches System soeben an den Start gegangen war. Herr Schwarz zeigte sich diesmal skeptischer. Es ging nun nicht mehr um 5000 Mark Zusatzkosten pro Jahr, sondern eher um 150 000 Mark. Nur langsam konnte er sich mit dem Gedanken anfreunden, bis drei Uhr früh öffentlich subventionierten Busverkehr anzubieten: »Wissen Sie, mein Vater hat mir immer gesagt, wer nach Mitternacht noch auf der Gass ist, der ist ein Lump!« Der Vater von Manfred Schwarz war Polizist.

Trotzdem hatte ich Glück. Durch die Einführung des Semestertickets für Studierende standen mehrere Millionen Zusatzeinnahmen für bessere Busangebote zur Verfügung. Ich wurde zum studentischen Verkehrsreferenten gewählt und damit legitimierter Verhandlungspartner. In der Tübinger alternativen Szene lernte ich Leute wie Martin Hilger und Gerd Hickmann kennen, die meine Vorschläge für einen Nachtbus ausbauten und erheblich verbesserten.

Besonders stolz war ich auf das ausgeklügelte Umsteigesystem. Wir verknüpften verschiedene Abschnitte der Linien des Tagesverkehrs so miteinander, dass ein Bus in einer halben Stunde einmal von der Altstadt in einen Randbezirk und zurück fahren konnte. Mit nur acht Buslinien und vier Bussen ließ sich so nahezu das ganze Stadtgebiet abdecken. Zum Vergleich: Bei Tag waren damals 40 Busse im Einsatz. Alle halbe Stunde trafen sich die Nachtbusse in der Altstadt und ermöglichten sofortige Anschlüsse in alle Richtungen. So standen am Ende ein ausgereiftes Fahrplankonzept und eine Finanzierung. Die vielen Gespräche mit Gemeinderäten wären vielleicht gar nicht mehr nötig gewesen. Der Beschluss für die Einführung des Nachtbusses fiel mit großer Mehrheit.

Am 18. April 1996 fand die Jungfernfahrt statt. Zur Einweihung am zentralen Knotenpunkt am Lustnauer Tor kamen an die 400 junge Leute. Es war ein fröhliches Fest. Vermutlich waren viele nur wegen der Ankündigung gekommen, dass hier Gratissekt ausgeschenkt werde. Entsprechende A3-Kopien hatte ich mit Erlaubnis des Stadtverkehrs am Vortag noch an den wichtigsten Haltestellen mit Klebeband unter die H-Zeichen geklebt.

Es zeigte sich aber schon in der ersten Nacht, dass Sekt und Nachtbus gute Freunde sind. Die Busse wurden sofort angenommen und der Zuspruch der Kommilitonen spornte mich an, auf meinem Weg weiterzugehen. Ein Erfolgserlebnis, das mich endgültig in die Politik lotste. Im folgenden Jahr verlieh mir das Schwäbische Tagblatt, die Tübinger Lokalzeitung, hauptsächlich für die Einführung des Tübinger Nachtbusses seinen mit 5000 Mark dotierten Umweltpreis. Die Fahrgastzahlen entwickelten sich prächtig. In den zwölf Jahren seines Bestehens hat er mittlerweile fast eine Million Fahrgäste befördert.

Das System erwies sich als so attraktiv, dass der Jugendgemeinderat der etwas größeren Nachbarstadt Reutlingen von der Idee angesteckt wurde und die dortige Stadtverwaltung aufforderte, etwas Vergleichbares zu entwickeln. Ich erfuhr aus der Zeitung, dass die Verwaltung den Antrag des Jugendgemeinderates mit der Begründung abgelehnt hatte, Nachtbusverkehr für Reutlingen koste beinahe eine halbe Million Mark pro Jahr und sei folglich schlicht unbezahlbar. Das weckte meine Neugier: Wieso sollte Nachtbusverkehr in Reutlingen sechsmal teurer sein als in Tübingen?

Ich besorgte mir die Vorlagen der Reutlinger Stadtverwaltung und erkannte rasch, dass hier eine Idee zu Tode geprüft worden war. Erstens hatte man der Einfachheit halber angenommen, dass der Nachtverkehr für Reutlingen nur die Fahrten der Buslinien am Tag verlängert, zum Beispiel auch in Industriegebiete, in die sich nach 20 Uhr niemand mehr verirrt. Zweitens waren die Fahrten so gelegt, dass mehr als zehn Busse gleichzeitig gebraucht wurden und zwischendurch lange Zeit herumstanden. Drittens wurde ein Kilometerpreis angesetzt, der unterstellte, man müsse für den Busverkehr bei Nacht neue Busse kaufen – für die Betriebswirte: Vollkostenrechnung statt Grenzkostenrechnung.

Die Jugendgemeinderäte hatten schlechterdings keine Chance, diese fachlichen Fehlleistungen zu entdecken. Ich bot ihnen deshalb meine Hilfe an. Wir erarbeiteten gemeinsam ein angepasstes Nachtbusnetz für Reutlingen und konnten am Ende ein Liniennetz vorstellen, das zwei Stunden länger in die Nacht reichte als der Verwaltungsvorschlag und dennoch 300 000 Mark billiger sein sollte. Der Jugendgemeinderat stimmte 32 : 0 für dieses Konzept und der Reutlinger Gemeinderat rang sich schließlich mit knapper Mehrheit dazu durch, den Wunsch der jungen Leute auch gegen das Votum des Oberbürgermeisters zu erfüllen. Eine Ausschreibung der Busleistung zeigte rasch, dass ich richtig gerechnet hatte. Im Sommer des Jahres 2000 konnte der Reutlinger Nachtbus starten.

Wenig später wurde das System abgerundet. Es entstanden Nachtbusse aus Tübingen in den ganzen Landkreis und eine Verknüpfungslinie zwischen den zentralen Omnibusbahnhöfen in Reutlingen und Tübingen. Das Nachtnetz deckt heute ein Einzugsgebiet von 300 000 Menschen ab und bringt viele junge, aber auch einige ältere Leute sicher und klimafreundlich nach Hause.

Die psychologische Wirkung solcher Angebote habe ich immer für sehr hoch gehalten. Wenn junge Leute ohne Auto daheim hocken müssen, weil nichts mehr fährt, dann erleben sie den Führerschein als Inbegriff der Freiheit. Davon holt man sie später nicht mehr so leicht weg. Wenn hingegen Kino, Freunde, Partys und Clubs auch bequem mit »Öffis« zu erreichen sind und man auch wieder heimkommt, dann sind für Bus und Bahn Kunden auf Dauer gewonnen.

Für den grünen OB war 2007 nicht mehr so viel im Nachtverkehr zu tun. Der Standard mit einem Stundentakt von Mitternacht bis drei Uhr früh im ganzen Stadtgebiet an drei Tagen in der Woche ist nach wie vor der beste aller Städte unter 100 000 Einwohner in Deutschland. Allerdings gehen die jungen Leute immer länger weg (wie machen die das?). Wir werden vermutlich reagieren und im nächsten Jahr den Nachtbusverkehr eine Stunde verlängern. Der Jugendgemeinderat drängt schon.

6.3 Kondensstreifen am blauen Himmel über Tübingen

Der SWR3-Elch ist in Baden-Württemberg ein beliebtes Maskottchen des dritten Radioprogrammes der Öffentlich-Rechtlichen im Südwesten. Ich höre den Sender selbst gerne und habe mich auch schon bei Konzertbesuchen darüber gefreut, dass die Radiomacher tolle Bands wie HIM zum New-Pop-Festival aus Finnland nach Baden-Baden eingeflogen haben. Im Januar 2004 hat mir der Elch an der Bushaltestelle vor meiner Wohnung jedoch regelmäßig Adrenalinschübe beschert. Dort warb nämlich ein Plakat für »Elch und weg«. Es handelte sich um einen Partyflug nach Finnland. Zur »Party am Polarkreis« durfte sich einchecken, wer das Glück hatte, bei der Hotline durchzukommen, und sich bei der Antwort auf alberne Fragen nicht völlig blamierte. Ich wollte vom damaligen Intendanten des SWR wissen, wie sich das mit dem öffentlich-rechtlichen Bildungsauftrag verträgt, und schrieb ihm folgenden Brief:

> *Sehr geehrter Herr Prof. Voss,*
> *seit einigen Wochen ist für mich Finnland allgegenwärtig. Ob um sieben Uhr morgens, um ein Uhr in der Nacht oder am Nachmittag um drei – wann immer ich meinen Lieblingssender höre, geht ein Flieger nach Finnland. Wenigstens dreimal die Stunde. Selbst an der Bushaltestelle vor meiner Wohnung wirbt SWR3 mit einem Plakat für »Elch und weg«.*
> *Ich zweifle nicht daran, dass dieses Konzept erfolgreich ist. Einen irgendwie gearteten Bildungs- oder Aufklärungsanspruch lässt es allerdings nicht erkennen. Ein Partyflug zum Polarkreis kann wohl kaum als Bildungsreise qualifiziert werden. Und viel gehört gewiss nicht dazu, die durchschnittliche Wintertemperatur in Finnland auf weniger*

als fünf Grad über null zu schätzen. Mit »Elch und weg« heizt der SWR völlig kritik- und distanzlos das Reise- und Partyfieber an. Gegen diese geballte Gutelaunewerbung haben nachdenkliche Fragen an einen modernen und verantwortungsbewussten Lebensstil keine Chance. Der Klimawandel findet nur außerhalb der Flugzeughaut und des Sendergebäudes statt.

Im privaten Rundfunk wäre dagegen nichts einzuwenden. Wer allein den Gesetzen des Marktes unterworfen ist, wird mit Gewinnspielen und Blitzerservice aufwarten müssen, um eine angemessene Rendite zu erzielen. Ob allerdings der öffentlich-rechtliche Rundfunk damit seiner Aufgabe gerecht wird, darf man mit Fug und Recht bezweifeln. Flugreisen und Partytickets verkaufen sich von alleine, sie müssen nicht erst unter die Leute gebracht werden. (...)«

Unterzeichnet habe ich den Brief als umwelt- und verkehrspolitischer Sprecher der grünen Landtagsfraktion. Entsprechend freundlich fiel die Antwort von Prof. Voss aus:

Sehr geehrter Herr Palmer,

um es vorwegzusagen: Es freut mich, dass Sie SWR3 als Ihr Lieblingsprogramm bezeichnen. (...) Ich kann nachvollziehen, dass Sie die SWR3-Aktion »Elch und weg« kritisch sehen. Gerne erläutere ich Ihnen das Konzept dieser Marketingmaßnahme.

SWR3 will rund um die Uhr aktuell informieren und zuverlässigen Service bieten; zugleich muss das Programm für seine Hörerinnen und Hörer »da sein«, sprich Spaß machen und unterhalten. (...) Wir wollen Hörern einen Wunsch erfüllen oder einfach etwas Spannung und Hörspaß im Radio bieten. Die überwältigende Beteiligung an der Aktion hat uns selbst überrascht. Sie zeigte uns, dass

wir mit »Elch und weg« und dem Partykonzept genau die Erwartungen vieler SWR3-Hörerinnen und Hörer trafen. (…)
Mir ist es wichtig, darauf hinzuweisen, dass »Elch und weg« nur ein Programmelement in SWR3 darstellt. (…)
Der Hörfunkausschuss des Rundfunkrats des SWR hat in seiner letzten Sitzung ausdrücklich begrüßt, dass SWR3 trotz seiner schwierigen Positionierung im Markt nicht nur an seinem quantitativen Erfolg, sondern ebenso an seinem qualitativen Profil arbeitet.
Ich bedanke mich nochmals für Ihre kritische Rückmeldung, die ich der Redaktion zur Kenntnis gegeben habe.«

Bemerkenswert finde ich noch heute die Formulierung, der SWR3 wolle informieren, müsse aber unterhalten. Für die Hörerinnen und Hörer »da sein« nur auf Spaß machen und nicht auf bilden zu beziehen, ist für das Selbstverständnis eines öffentlich-rechtlichen Senders entlarvend. Entsprechend ging es weiter: Nach der »Party am Polarkreis« folgte die »Party am Vulkan« in Neapel. Man könnte meinen, die Programmverantwortlichen wollten angesichts schmelzender Polkappen den Tanz der Menschheit auf dem Vulkan ironisieren. Es war aber nur Spaß, und zwar ganz im Ernst. Die nächsten Ziele mussten dann noch weiter weg sein: Rio de Janeiro, Tasmanien und Australien wurden Destinationen des öffentlich-rechtlichen Party-Tourismus.

Nun gut, als Spaßverderber ist man in der Politik wenig erfolgreich. Kritische Rückfragen müssen wir uns aber selbst stellen. Seit es Billigfluglinien gibt, kostet die Taxifahrt von Tübingen an den Stuttgarter Flughafen mehr als der Flug nach Rom. Vielleicht kann man es jungen Leuten nicht ganz verdenken, dass sie unter solchen Bedingungen für ein Wochenende wegjetten. Aber dass dies als cool und nicht als uncool gilt, ist auch Ausdruck mangelnder gesellschaftlicher Reflexionskraft.

Würden wir mehr über die Folgen unseres Handelns nachdenken, hätten wir den Partytourismus nicht so popularisiert und die Steuerfreiheit des Luftverkehrs schon lange beendet. Tatsächlich sind 19-Euro-Tickets für Ziele in ganz Europa nicht nur Lockvogelangebote, sondern Steuergeschenke. Der internationale Luftverkehr zahlt keine Treibstoff- und keine Mehrwertsteuer, er ist vollständig steuerbefreit. Ein Anachronismus, der viel Stoff für Analysen der Reformunfähigkeit der internationalen Gemeinschaft bietet. Nicht einmal in der EU konnte bislang wegen des Einstimmigkeitserfordernisses eine Klimaschutzabgabe auf den Luftverkehr realisiert werden.

Dabei verzeichnet der Luftverkehr unter den Verursachern des Klimawandels das stärkste Emissionswachstum. Kein Wunder: Wer einen Partyflug nach Tasmanien mitmacht, verursacht damit einen Klimaschaden, der einer CO_2-Emission von 12 Tonnen entspricht. Das ist mehr als der Jahresdurchschnitt eines Bürgers. Und dennoch zahlt der Luftverkehr nicht für die von ihm verursachten Klimaschäden. Im Gegenteil: Wer umweltfreundlich mit der Bahn von Freiburg nach Berlin fährt, muss bei einfacher Fahrt rund 50 Euro Steuern zahlen. Wer vom Freiburger Flughafen nahe dem französischen Mulhouse fliegt, zahlt 0 Euro Steuern. Kein Wunder, dass die Leute fliegen.

Internationale Steuergesetzgebung und nationale Subventionen des Luftverkehrs kann man aus dem Tübinger Rathaus allenfalls kritisieren, aber nicht verändern. Man kann aber die Verantwortung für das eigene Mobilitätsverhalten und zumindest die wahren Kosten des Fliegens begleichen. Der Tübinger Gemeinderat hat deswegen als einer der ersten in Deutschland und lange vor der Landesregierung beschlossen, dass Dienstreisen »klimaneutral« gestellt werden. Das heißt, die Stadt zahlt für jeden dienstlichen Flug einen Ausgleichsbetrag, der Klimaschutzmaßnahmen finanziert, die so viel Kohlendioxid binden, wie durch die Reise in die Atmosphäre gelangt ist.

Diese Möglichkeit haben wir alle: Auf www.atmosfair.de kann man die Emissionen jedes beliebigen Flugs online ermitteln und durch eine Spende ausgleichen. Atmosfair garantiert, dass die eingehenden Gelder nur für zertifizierte Klimaschutzprojekte wie zum Beispiel Solarküchen in Afrika eingesetzt werden. Projekte also, die nicht nur dem Klima nutzen, sondern auch unmittelbar den Menschen. Und nebenbei kann man das privat sogar als Spende von der Steuer absetzen. Das ist zumindest die zweitbeste Lösung, wenn sich ein Flug schon nicht vermeiden lässt.

Auf der Kampagnenseite tuebingen-macht-blau.de werben wir dafür, dass auch die Tübingerinnen und Tübinger ihre Flugreisen mit Atmosfair klimaneutral stellen. Eine Bürgerinitiative dafür hat sich allerdings noch nicht gegründet. Das war anders, als die Landesregierung in den 70er-Jahren versuchte, einen Großflughafen im Schönbuch, dem Naturpark nördlich von Tübingen, zu bauen. Auch neue Flugrouten zum Stuttgarter Flughafen, die vermehrt Lärm am Tübinger Himmel produzierten, haben Bürgerprotest erregt. Alles sehr berechtigt, aber leider auch ein Beleg dafür, dass wir leichter aktiv werden, wenn wir unmittelbare Beeinträchtigungen unserer Lebensqualität zum Beispiel durch Fluglärm befürchten, als wenn es darum geht, die scheinbar abstrakten und nicht so leicht fühlbaren Gefahren des Klimawandels abzuwehren.

6.4 Landesverrat – ein Auto macht Karriere

Statussymbole sind wichtig in der Politik. Meine Vorgängerin im Amt war stolz darauf, eine schwarze Limousine aus Untertürkheim in den Dienst der Stadt gestellt zu haben. Mit dem E 280 und ihrem Fahrer konnte sie Macht und Bedeutung unter Beweis stellen. Mich interessierte vor allem die CO_2-Bilanz. Rund zehn Liter Diesel auf 100 Kilometer hatte das Fahrzeug bei einer durchschnittlichen Leistung von 20000 Kilometer im Jahr verbraucht. Das entsprach einem Jahresausstoß von 4,5 Tonnen CO_2. Indiskutabel. Da der Leasingvertrag für die E-Klasse mit meinem Amtsantritt auslief, ging die Limousine zurück an den Hersteller. Ein umweltfreundlicheres Fahrzeug musste her.

Es war dies die Zeit, in der die EU-Kommission der Automobilindustrie gesetzliche Höchstwerte für den CO_2-Ausstoß ihrer Produkte ankündigte, weil sie ihre Selbstverpflichtung zur Verbrauchsreduktion offenkundig nicht einhalten konnte. Ich durchsuchte also die Prospekte der einschlägigen Hersteller nach einem Modell, dessen CO_2-Ausstoß wenigstens den Wert erfüllte, den die EU-Kommission damals noch für Neufahrzeuge akzeptieren wollte: im Durchschnitt 120 g CO_2 pro Kilometer.

Leider zeigte sich, dass kein heimischer Produzent eine Limousine im Angebot hatte, die diesem Anspruch gerecht wurde. Die aktuellen Prospekte des Herstellers aus Untertürkheim warben auf der ersten Seite für die neuesten Modelle der E-Klasse mit dem Hinweis, endlich sei eine Motorvariante mit mehr als 500 PS lieferbar. Von 0 auf 100 km/h sollte dieser Bolide in furchterregenden 4,9 Sekunden beschleunigen. Ein Fahrzeug mit 4,9 Liter Verbrauch fand sich nicht im Angebot. Ich knüpfte daran die folgende eifrig zitierte Bemerkung: »Nun bin ich kein Bankräuber, sondern Oberbürgermeister und in meiner Stadt beliebt. Ich brauche gar kein Fluchtfahrzeug.«

Bei Mercedes war leider kein Auto mit weniger als 160 g CO_2 pro Kilometer im Angebot. Die Pressestelle des Unternehmens empfahl mir einen Smart als Alternative. Dessen Normverbrauch von 3,3 Liter Diesel entsprechend

88 g CO_2 beeindruckte mich durchaus. Leider hatte man vergessen, dem Kleinwagen einen wirksamen Rußfilter mitzugeben. Da in Tübingen zu diesem Zeitpunkt bereits die Einführung einer Umweltzone angeordnet war, konnte ich schlechterdings keinen Neuwagen anschaffen, der die ohnehin belastete Tübinger Atemluft mit krebserregenden Partikeln anreichern würde. Bei den anderen deutschen Herstellern sah es nicht besser aus.

Ich entschied mich gegen einen Kompromiss zulasten der Umwelt und deshalb für einen Japaner: den Toyota Prius Hybrid. Ein Auto, das schon in Hollywood Karriere gemacht hatte und nun auch mich begeisterte. Die Hybridtechnik war schon in den 70er-Jahren in Deutschland entwickelt, aber von den Japanern auf den Markt gebracht worden. Der Clou an diesem Antriebskonzept ist die Kombination aus Elektro- und Verbrennungsmotor. Je nach Leistungsanforderung fährt das Auto emissionsfrei elektrisch oder mit Benzinantrieb. Der Elektromotor dient zugleich als Generatorbremse und gewinnt damit vor allem im Stadtverkehr eine erkleckliche Energiemenge zurück. Im Stop-and-go-Verkehr bleibt der Motor aus. Das Auto gleitet nahezu geräuschlos und abgasfrei durch die Stadt.

Die deutschen Fahrzeughersteller haben den innovativen Hybridantrieb und den Herausforderer Toyota einige Jahre mit ihrem Diesel und fast religiöser Inbrunst bekämpft. Da war zu lesen, der Akku müsse ständig ausgetauscht werden. Toyota garantiert acht Jahre auf den Antrieb und kann Hybridtaxis mit 300 000 Kilometer Betriebsleistung vorweisen. Die Dieseltechnik sei sparsamer, tönten die Deutschen und schickten einen Geländewagen der M-Klasse auf eine Reise von Küste zu Küste durch die USA. Er schlug den parallel fahrenden Hybrid-Geländewagen von Toyota tatsächlich knapp: zehn Liter statt elf Liter auf 100 Kilometer. Gewiss kein Ruhmesblatt für beide Hersteller. Später stellte sich allerdings heraus, dass der verwendete Spezialkraftstoff für den Mercedes an keiner Tankstelle in Amerika verfügbar ist und deshalb auf der ganzen Strecke mit einem Tanklastzug nachgeführt wurde. Dessen Verbrauch eingerechnet lag der Toyota mit elf gegen 60 Liter vorne. So kam es, dass Mercedes mit einem Zweisitzer gegen eine vollwertige Limousine antreten musste, als ich ein sparsames Auto suchte.

Auch die übrigen Einwände gegen die Hybridtechnik sind heute widerlegt. Der Antriebsstrang wiegt kaum noch

mehr als ein Dieselmotor, weil Toyota die Leistung des Elektromotors nutzt, um den Verbrennungsmotor entsprechend kleiner und leichter zu halten. Die neuesten Getriebe schaffen eine perfekte Harmonie zwischen den beiden Aggregaten. Auch wenn der Hybrid vor allem im Stadtverkehr seine Stärken ausspielen kann, ist er sogar auf der Autobahn im Vorteil, weil es heute kaum jemandem gelingt, konstant wie in den USA das gleiche Tempo zu fahren. Ein Bremsvorgang, und schon hat der Hybrid wieder gewonnen. Ein Stau, und der Dieselmotor läuft eine halbe Stunde sinnlos weiter, wo der Hybrid auf elektrischen Antrieb umstellt. Man kann allerdings nicht schneller als 170 km/h fahren. Für mich kein Verlust. Tempo 300 fahre ich lieber im ICE.

Durch die Kombination aus Elektro- und Benzinmotor erreicht die ausgewachsene Limousine Toyota Prius einen Normverbrauch von 4,3 Liter entsprechend 104 g CO_2 pro Kilometer. Ich stellte das Fahrzeug mit dem Kennzeichen TÜ CO_2 104 der Presse im Februar 2007 vor dem Tübinger Rathaus vor. Das Silbermetallic-Fahrzeug wurde zu einem Star.

Tatkräftige Mithilfe leistete dabei unfreiwillig Ministerpräsident Günther Oettinger. Als Kollegen im Landtag kannten wir uns sechs Jahre und hatten dabei stets eine sportliche Form der Auseinandersetzung gewählt. Auf dem politischen Aschermittwoch der CDU in Fellbach verstieg sich der Landesvater zu der bemerkenswerten Aussage: »Wer jetzt japanisch fährt, verrät im Grunde Baden-Württemberg.« Der Tübinger Oberbürgermeister ein Landesverräter. Jetzt war dem Auto Kultstatus sicher.

Das Argument hinter diesem Verdikt lief darauf hinaus, dass ein schwäbischer Oberbürgermeister heimische Arbeitsplätze opfere, wenn er einen Dienstwagen aus fernöstlicher Produktion ordere.

Nun ist das einigermaßen lächerlich. Von Porsche weiß man, dass kaum 20% der Teile eines Neuwagens aus Zuffenhausen stammen. Die verlängerte Werkbank aller deutschen Hersteller reicht weit über Deutschland und Europa hinaus. Autos, die nur von Deutschen in Deutschland hergestellt werden, gibt es längst nicht mehr. Und wer sollte eigentlich die Autos der deutschen Hersteller kaufen, wenn in den USA, in China und den großen europäischen Märkten der Import eines deutschen PKW zum Landesverrat erklärt würde? Und natürlich kostet ein einziges Auto mehr oder weniger in Sindelfingen und Untertürkheim keinen einzigen Arbeitsplatz. Dennoch verfehlte die Attacke des Ministerpräsidenten ihre Wirkung nicht.

Nie zuvor und nie danach habe ich so viele Reaktionen auf eine politische Aktion erhalten. Im Tübinger Rathaus gingen rund 200 E-Mails ein, die meisten mit empörtem Tonfall, manche aber unterstützend. Einige Beispiele:

»Hoffentlich bezahlen Ihnen die japanischen Werker in den nächsten Jahren Ihre Bezüge.«

»Dank Ihrer grünen Klientel und diesem griechischen Eseltreiber in Brüssel haben Sie das erreicht, was die Grünen immer wollten – Deutschland ins Mittelalter und in die Armut zu treiben.«

»Ein Fahrzeug, das den Bremsweg zur Energieerzeugung nutzt, schont die Umwelt und entlastet die Stadtkasse und weist beispielhaft auf zukunftsträchtige Technologien hin.«

»Die Absichten von Palmer sind eine – wohlwollend formuliert – fahrlässige Diskriminierung des Standortes Deutschland, vor allem des Großraumes Stuttgart mit seinem Umland.«

»Vorbildlich und nachahmenswert … auf Ihrem Weg weiterhin viel Mut und Erfolg …«

»Ein Toyota für Tübingen? Schon daran sieht man, dass Boris kein echter Tübinger ist.«

»Ich finde es lobenswert, wenn Sie auf einen großen Dienstwagen verzichten, aber muss es unbedingt ein Japaner sein?«

»Ich denke, die reflexartigen Protestrufe wie Arbeitsplatzgefährdung etc. zeigen, dass in Deutschland die Entscheider noch nicht mal ansatzweise begriffen haben, um was es in den nächsten Jahrzehnten geht.«

»Städte und Gemeinden sind in erster Linie zum Wohnen gebaut und nicht zum Durchfahren – einfache Erkenntnis, aber selten befolgt.«

»Bitte halten Sie Ihre Einstellung lange durch.«

»Alles erstunken und erlogen, Sie wollen den Menschen nur Angst machen, um Ihre verkorksten Ideen verbreiten zu können.«

»Es ist richtig, dass die Entscheider lieber spritfressende Staatskarossen fahren … Durch die Umweltprobleme wird dieses Verhalten immer mehr geächtet.«

»Es ist ein Skandal, dass DaimlerChrysler Benzinhybrid-Modelle und Bluetec-Diesel für den kalifornischen Markt produziert und in Deutschland weiter neue Dieselmodelle mit zwanzigfach höherem Stickoxidausstoß verkauft.«

»Herr Palmer berücksichtigt ausschließlich den Treibstoffverbrauch und stellt keine umfassende Umweltbilanz auf. Das ist schlichtweg Volksverdummung.«

»Da wird diskutiert über unseren neuen OB und den Hybridantrieb seines Toyota, den Dieselpartikelfilter eines Passat und die verlorenen Arbeitsplätze bei heimischen Automobilfirmen wegen dem bösen bösen Boris. ... Behalten Sie Ihre peinlichen Schimpftiraden doch bitte in Zukunft für sich!«

»Die Daimler, die wir hier in Tübingen fahren, sind in Untertürkheim garantiert nur von deutschen Schwaben am Band zusammengebaut.«

Übrigens hatten sich unter all die Kommentatoren nur zwei Frauen gemischt. Das Auto spielt offenbar noch immer eine wichtige Rolle als Männlichkeitsverstärker.

Die Debatte wogte noch Monate hin und her. Da ich das Fahrzeug kaum benutzte, wurde es zu einer festen Station im Rahmen von Stadtführungen. Und nahezu alle Besucherinnen und Besucher hatten von diesem eigenartigen Dienstwagen schon gehört.

Ich entgegnete dem Vorwurf des Landesverrats, indem ich meine Entscheidung augenzwinkernd zum patriotischen Akt erklärte. Mein Argument lautete: Die deutsche Industrie verkauft in Zukunft entweder umweltfreundliche Autos oder keine. Wenn Daimler und Co es versäumen, Autos mit eingebautem Klimaschutz auf den Markt zu bringen, dann werden tatsächlich Hunderttausende von Menschen ihren Arbeitsplatz in Baden-Württemberg verlieren. Mein Weckruf solle genau das verhindern.

Und tatsächlich, in der Konzernzentrale wurde man hellhörig. Daimler-Chef Dieter Zetsche schrieb mir einen Brief, den man mit den Worten »we are not amused« zusammenfassen könnte. Ich wurde zur Vorführung der neuesten Umweltmodelle im Prototyp nach Untertürkheim eingeladen und erhielt von Technik-Vorstand Thomas Weber eine Einführung in die Umweltstrategie des Konzerns. Und dann brauste ich mit Brennstoffzellen-Fahrzeugen und Hybridautos über die Teststrecke entlang des Cannstatter Wasens. Ein grüner OB im Heiligtum der Automobilisten.

Als der frischgebackene Präsident des deutschen Automobilverbands Matthias Wissmann in Tübingen auftrat, konnte eine Bemerkung zu »dem Toyota« nicht ausbleiben. Ich nutzte die Gelegenheit, Wissmann öffentlich zu versprechen, dass ich in seiner Gegenwart auf der IAA einen Vertrag mit einem deutschen Hersteller unterschreiben würde, wenn er mir dort ein Fahrzeug anbieten könne, das mit dem Prius im Hinblick auf Umweltstandards wenigstens gleichziehe. Schließlich sei es mir ja selbst unangenehm, wenn man als schwäbisch-klimaschützerischer Oberbürgermeister nicht guten Gewissens ein schwäbisches Auto fahren könne. Wissmann schlug ein.

So kam es, dass ich im September 2007 erstmals in meinem Leben die Tore zur IAA durchschritt und von einem Team des deutschen Automobilverbands über das Gelände gelotst wurde. Hybrid-Konzepte waren nahezu an jedem Stand zu besichtigen. Klimaschutz und CO_2 waren plötzlich Thema Nummer eins der größten Automobilmesse der Welt. Und dieser Tatsache verdankte Matthias Wissmann nebenbei bemerkt sein neues Amt, denn sein Vorgänger Gottschalk hatte sich in der bis dahin üblichen Abwehrstrategie des VDA gegen jede ökologische Entwicklung des Autos um Kopf und Kragen geredet.

Wissmann empfing mich mit dem Deutschland-Vertriebschef von Mercedes Klaus Maier und führte mich durch die Ausstellungswelt des Nobelherstellers. Menschenmassen pilgerten um die glänzenden Nobelkarossen. Der Strom der überwiegend jungen Männer erinnerte mich an den Hadsch und die Bilder von kreisenden Leibern um die Kaaba in Mekka. Die Sicherheitskräfte bahnten uns eine Gasse, von neidischen Blicken verfolgt bestiegen wir den Laufsteg und nahmen in einigen der Ausstellungsstücke Platz. Eine Szene, die an Skurrilität kaum zu überbieten ist.

Dann der magische Moment: Ich unterschrieb einen Vertrag über einen Smart micro hybrid drive. Dieses Fahrzeug war zur IAA neu auf den Markt gekommen. Das neue Modell mit dem kleinen Hybrid unterbot den Toyota Prius im Normverbrauch um 1 g. Matthias Wissmann konnte also auf meine Heimkehr zum heimischen Hersteller pochen. Auch wenn das Auto eigentlich im Elsass gefertigt wird und deshalb bestenfalls als »großdeutsch« gelten kann, entschied ich mich für das Signal der Rückkehr. Immerhin hatte Smart den Verbrauch seines Stadtflitzers durch die Hybridtechnik in einem Jahr von 117 g CO_2 auf 103 g CO_2 reduziert. Wie der Prius schaltet der Smart hybrid den Motor schon beim Anrollen auf eine rote Ampel ab und startet automatisch mit dem nächsten Tritt auf das Gaspedal. Gerade im Stadtverkehr sind so erhebliche Einsparungen von etwa 20% möglich. Eigentlich unbegreiflich, dass noch immer fast alle Neufahrzeuge zu blöd sind, den Motor abzuschalten, wenn das Auto steht.

Ausgeliefert wurde der Smart im April 2008. Die Bilanz des nun ausrangierten Prius konnte sich durchaus sehen lassen. Nach 3000 Kilometer lag der Durchschnittsverbrauch bei fünf Litern. Das ist zwar deutlich mehr als jene 4,3 Liter aus der Werbung, aber immerhin blieb das Auto damit unterhalb der Grenze von 120 g CO_2 pro Kilometer. Tatsächlich hatte ich nur vier Tankfüllungen benötigt und in einem Jahr 360 kg CO_2-Ausstoß durch Autofahrten verursacht. Eine Einsparung von 90% bei derselben Menge

Versöhnung mit der Heimat: Auf Toyota folgt Smart (© Martin Schreier)

Oberbürgermeister! Ein Ergebnis, das zunächst erstaunt, aber auf eine neue Technologie und ein neues Nutzungsverhalten zurückgeht. Das Fahrzeug stößt nur noch halb so viel CO_2 aus wie sein Vorgängermodell, und durch den Umstieg auf Bahn, Bus und Fahrrad konnte ich 80% der Kilometerleistung einsparen.

Der Smart mhd hat meine Erwartungen bislang leider nicht erfüllt. Zwar habe ich ihn erst zweimal betankt, weil bis Ende 2008 nur gut 1000 Kilometer im Dienstwagen zusammenkamen. Der Durchschnittsverbrauch liegt aber bisher bei rund sechs Litern auf 100 Kilometer. Das entspricht nicht 103 g CO_2 pro Kilometer, sondern 140 g!

An meiner Fahrweise kann das kaum liegen. Die hat sich durch den Wechsel von Prius auf Smart nicht verändert. Ich beherzige weiterhin die Regeln des energiesparenden Fahrens. Eher fahre ich etwas langsamer auf der Autobahn, denn 150 km/h wie mit dem Prius sind mit dem Smart auch dann nicht drin, wenn man es wirklich eilig hat, weil ein Flugzeug nicht wartet.

Vermutlich war Benzinsparen beim Design des Smart doch nicht die erste Priorität. Das sieht man leider an vielen Details. So fehlt dem Auto eine Spritverbrauchsanzeige. Während der Prius über den Bordcomputer ständig und sehr exakt den Verbrauch aufschlüsselt und damit dem bewussten Fahrer wertvolle Hilfestellungen liefert, fehlt im Smart dieser schon psychologisch wichtige Ansporn völlig. Nur an der Tankstelle erschließt sich der Verbrauch.

Bemerkenswert finde ich auch, dass der Smart ein Automatikgetriebe hat, das auf »zügiges Fahren« ausgelegt ist, wie mir der Konzern auf Nachfrage mitteilte. Mir fiel bei den ersten Testfahrten auf, dass die Aktivierung der Automatik während der Fahrt immer dazu führte, dass ein Gang zurückgeschaltet und entsprechend hochtouriger gefahren wurde. Das bestätigte mich zwar in meiner Annahme, dass ich weiterhin sparsam schalte, irritierte mich aber wegen der dahinterstehenden Philosophie des Herstellers.

Ich beschrieb diese Beobachtung und erhielt von Daimler die Auskunft, dass die Automatik in der Tat so ausgelegt sei, dass man damit hochtourig fahre. Damit wolle man dem Bedürfnis der Kunden, zügig voranzukommen, entsprechen. Wer spritsparend fahrend wolle, könne die Automatik ausschalten und erhalte dann per Display den Hinweis, früh einen höheren Gang einzulegen. Das hat mich einigermaßen verblüfft: Wer Sprit sparen will, muss die Automatik ausschalten? Darauf muss man erst mal kommen.

Mittlerweile ist die Autoindustrie in eine dramatische Absatzkrise gerutscht. Die Hauptursache sind die Schockwirkungen der Finanzkrise, das ist gar nicht bezweifeln. Allerdings gilt das nur für den scharfen Einbruch der Absatzzahlen im Herbst 2008. Die Fahrzeugindustrie ist besonders hart betroffen, weil sie in einer eigenen Strukturkrise steckt. Die Entwicklungsrichtung hieß viel zu lange »größer, stärker, schwerer«. Damit fahren die Hersteller jetzt an die Wand. Denn Klimakrise und Benzinpreisschock haben die Käufer verunsichert. Wenn schon in wenigen Jahren ganz andere Antriebstechnologien auf den Markt kommen und der Spritverbrauch deutlich sinkt – das versprechen die Hersteller nun ja täglich –, dann ist jetzt der falsche Zeitpunkt für einen Autokauf. Denn der Wiederverkaufswert eines Fahrzeugs mit bald schon veralteter Technik dürfte stark sinken.

Die Chance, die Entwicklung von der Spitze weg zu gestalten, haben die deutschen Hersteller nicht genutzt. Die Sparmodelle Audi A2 und VW Lupo, beide echte Dreiliterautos, wurden nur halbherzig vermarktet und viel zu schnell wieder eingestellt. Jetzt haben die heimischen Hersteller nichts anzubieten, was den Anforderungen der Kunden entspricht. Im Jahr 2008 ist der Absatz der Autos, die weniger als 120 g CO_2 pro Kilometer ausstoßen, um zwei Drittel gestiegen. Gleichzeitig haben die Fahrzeuge, die mehr als 200 g CO_2 pro Kilometer ausstoßen, fast ein Drittel des Verkaufsvolumens eingebüßt. Diesem Trend können die deutschen Hersteller jetzt nur noch hinterherentwickeln.

Die Stadt Leipzig hat das gerade erfahren müssen, als auf eine Ausschreibung für 30 Kleinwagen kein deutscher Hersteller ein Angebot abgab. Der Grund: Leipzig forderte die Einhaltung von 120 g CO_2 pro Kilometer und Kosten von unter 10000 Euro. Weil diese Anschaffung mit der Krise der deutschen Autoindustrie im Herbst 2008 zeitlich zusammenfiel, mussten sich auch die Leipziger gegen Vorwürfe von der Art des Vaterlandsverrats wehren.

In Zukunft werden noch wesentlich mehr Autokäufer nach Klimaschutz und Spritkosten fragen. Der nächste Smart sollte gar nicht erst auf den Markt kommen, wenn er nicht endlich und wirklich ein Dreiliterauto ist. Mein Dienst-Smart erreicht diesen Wert bisher nur pro Sitz, und das ist einfach nicht mehr zeitgemäß.

7 Jenseits von Afrika

Der Klimawandel wirkt sich auf die Menschheit keineswegs gleichmäßig aus. Schon die erwarteten Temperaturveränderungen in verschiedenen Erdteilen sind höchst ungleich. Eine mittlere Erhöhung der Erdtemperatur um zwei Grad wird nach den Modellen der Klimaforscher bis zu sechs Grad Erwärmung in der Arktis bedeuten. Auch Nutzen und Schaden sind ungleich verteilt. In Kanada und dem Norden der USA kann eine moderate Erhöhung der Temperaturen die Bedingungen für den Anbau von Nahrungsmitteln verbessern. In Süddeutschland wird es vermutlich möglich, Zitrusfrüchte zu ernten. Hingegen müssen Inselstaaten im Pazifik mit ihrem Untergang rechnen. Und schließlich sind die Reaktions- und Kompensationsmöglichkeiten unterschiedlich: Mit negativen Auswirkungen des Klimawandels werden die hoch entwickelten Gesellschaften besser zurechtkommen als die Entwicklungsländer, weil sie sich teure und aufwendige Anpassungsmaßnahmen eher leisten können.

Es ist nicht ohne Tragik, dass die Menschen in Afrika besonders unter den Folgen des Klimawandels leiden werden. Weil sie auf dem am wenigsten industrialisierten und entwickelten Kontinent leben, haben sie am wenigsten zum Treibhauseffekt beigetragen. Weil Afrika schon heute viel unter Trockenheit leidet, ist das Klima dort besonders empfindlich für eine Erhöhung der globalen Temperaturen. Und weil die Mehrheit der Bevölkerung dort noch viel stärker von Ackerbau und Viehzucht abhängig ist als irgendwo sonst auf der Welt, werden afrikanische Gesellschaften von Dürren und Ernteausfällen ungleich härter betroffen. Schließlich fehlen ihnen das Kapital und die technischen Möglichkeiten, um sich an veränderte klimatische Bedingungen anzupassen. Kurz: Der Klimawandel hat eine erschütternde soziale und moralische Dimension. Er trifft die Unschuldigen und die Ärmsten am härtesten.

Wir als die Verursacher dieser Situation sind in einer besonderen Verantwortung. Da wir den Zeitpunkt, den Klimawandel zu stoppen, bereits verpasst haben, müssen wir dabei helfen, seine Folgen erträglich zu halten. Das heißt zwingend, dass wir den vergessenen Kontinent Afrika in unser Bewusstsein holen. Aus diesem Grund habe ich in meiner Amtsantrittsrede der Tübinger Bürgerschaft den Vorschlag unterbreitet, eine Partnerschaft mit einer Stadt in Afrika aufzubauen.

Städtepartnerschaften haben in der Vergangenheit politische Entwicklungen initiiert, begleitet und verstärkt. Nach dem Zweiten Weltkrieg leisteten sie einen wichtigen Beitrag zur Überwindung der jahrhundertealten Feindseligkeiten in Europa. Besonders die deutsch-französische Freundschaft wurde in der Bevölkerung durch Hunderte von Städtepartnerschaften verankert und gefestigt. Tübingens älteste Städtepartnerschaft mit Aix-en-Provence in Südfrankreich geht auf diese Phase und das Jahr 1960 zurück.

Präsident Eisenhower ermutigte amerikanische Städte nach dem Zweiten Weltkrieg aus einem ähnlich gelagerten Motiv zu internationalen Partnerschaften. So entstand 1965 eine Verbindung zwischen Ann Arbor in Michigan und Tübingen. Mit Perestroika und Glasnost in der Sowjetunion von Michail Gorbatschow machten Städtepartnerschaften den Eisernen Vorhang durchlässiger. So fanden sich 1989 Petrosawodsk in der heutigen russischen Republik Karelien und Tübingen zusammen.

Tübingen pflegt heute lebendige Beziehungen zu zehn offiziellen Partnerstädten. Der Austausch zwischen Kulturen, Nationen, Sprachen und Traditionen ist ungemein bereichernd, öffnet neue Horizonte und erweitert Reflexionsmöglichkeiten der eigenen gesellschaftlichen Verortung. Städtepartnerschaften haben weiterhin ihren Sinn, auch wenn die junge Generation heute nicht mehr an die Kriege der Väter denkt, wenn sie sich kennenlernt und wechselseitig besucht.

Städtepartnerschaften mit afrikanischen Städten sind bis heute eine absolute Seltenheit. Von 1110 Gemeinden in Baden-Württemberg haben nach meinem Kenntnisstand nur etwa ein Dutzend partnerschaftliche Verbindungen nach Afrika. Es ist der vergessene Kontinent.

Ich hätte mir allerdings vor zwei Jahren nicht denken können, wie schwierig es würde, aus dem Vorschlag tatsächlich eine deutsch-afrikanische Städtepartnerschaft zu entwickeln. Schon der Sinn und die Motive der Initiative führten zu einer Kontroverse. Ich legte Wert darauf, dass wir weder einer Stadt aus den afrikanischen Mittelmeerstaaten noch aus Südafrika eine Partnerschaft anbieten. Der vergessene Teil Afrikas sind die großen Landstriche dazwischen.

Aus der Fraktion der Linken im Gemeinderat hielt man mir entgegen, diese geografische Einschränkung sei eine Art moderner Kulturimperialismus. Der Kilimandscharo habe schon im Kaiserreich als höchster Berg Deutschlands gegolten. Geld für Entwicklungshilfe hätten wir nicht, also sei die Fokussierung auf Schwarzafrika nur grüne Gewissensberuhigung: »Die Stadt muss möglichst arm und schwarz sein, aber geben tun wir nichts.«

Die Sache wurde noch komplizierter, weil die Universität Tübingen bereits eine Partnerschaft mit einer südafrikanischen Universität unterhält und es gerne gesehen hätte, wenn die beiden Städte ebenfalls eine Partnerschaft eingegangen wären. Der Gemeinderat folgte jedoch mehrheitlich meiner Argumentation, dass mit einer südafrikanischen Partnerstadt der Sinn der Initiative, unsere Aufmerksamkeit auf die Verlierer des Klimawandels und der Globalisierung zu richten, nicht erreicht werden könne.

Allein aus dieser Zielsetzung erwachsen weitere Schwie-

rigkeiten. Sind ein Land und eine Region ausreichend stabil, um Partnerschaftsreisen zu ermöglichen? In Kriegsgebiete können Delegationen schwerlich reisen. Sind die politischen Verhältnisse gestaltbar oder macht man sich als Partnerstadt gemein mit einem korrupten Regime oder gar Diktatoren? Welche Konflikte werden über die Emigranten aus einer Partnerstadt nach Tübingen transportiert?

Die letzte Frage hätte ich mir selbst nicht gestellt, sie kam durch eine Stadt in Äthiopien auf. Von ursprünglich fast 30 Vorschlägen aus der Tübinger Bevölkerung und von Tübinger Institutionen waren zuletzt noch drei in der engeren Auswahl. Buea in Kamerun, Moshi in Tansania und eben Mekelle in Äthiopien. Äthiopien und Eritrea haben ihre Grenzstreitigkeiten bis heute nicht beigelegt. Die Eritreer, die überwiegend in den 80er-Jahren vor dem Krieg flohen, stellen die größte Gruppe afrikanischstämmiger Einwanderer in Tübingen. Viele von ihnen lehnen eine Partnerschaft mit Mekelle vehement ab. Sogar eine Protestveranstaltung in der Altstadt wurde schon durchgeführt.

Trotz aller Schwierigkeiten bin ich hoffnungsvoll, dass wir im Jahr 2009 einen Partnerschaftsvertrag mit einer der drei Städte abschließen werden. Die vielen Gespräche, die wir bisher geführt haben, bestärken mich darin, an dieser Idee weiterzuarbeiten. Die Begeisterung, die Offenheit, die Zuneigung, die wir nur mit der Vorstellung der Idee bereits erlebt haben, zeigt mir, dass eine solche Partnerschaft keineswegs einseitig sein muss, sondern beide Seiten bereichern kann.

Wie könnten konkrete Partnerschaftsprojekte für den Klimaschutz aussehen? Es ist eine Tatsache, dass mit einem Euro für ein Klimaschutzprojekt in Afrika ein Vielfaches der Wirkung entfaltet werden kann, die derselbe Euro in Deutschland entfaltet. Das liegt an der hohen Kaufkraft unserer Währung, an den hohen Kosten hierzulande und an der geringen Energieeffizienz in Afrika. Manchmal hilft auch schlicht die Natur: Eine Solaranlage in Afrika erntet leicht doppelt so viel Energie von der Sonne wie in Deutschland.

Im Rahmen des Klimaschutzabkommens von Kyoto wurde die Möglichkeit geschaffen, sich dieses Kosten-Nutzen-Gefälle zunutze zu machen: Wer CO_2-Emissionen in Deutschland kompensieren will, kann dies bis zu einer gewissen Grenze durch zertifizierte Projekte in Entwicklungsländern tun und erhält dafür im Rahmen des CO_2-Handels eine Gutschrift.

Ob dieses Instrument wirkt oder eher eine Art Ablasshandel darstellt, ist in der Fachwelt umstritten. Jedenfalls ist sicher, dass Klimaschutzprojekte in Entwicklungsländern am besten wirken, wenn sie dauerhaft begleitet werden. So könnte also ein fester Bestandteil einer deutsch-afrikanischen Partnerschaft die gemeinsame Entwicklung und Pflege von Klimaschutzprojekten sein. Die deutsche Seite könnte Kompensationsmittel einbringen, die Projekte anstoßen und zertifizieren, die afrikanische Seite die wirkungsvollsten und hilfreichsten Maßnahmen benennen und die Realisierung sicherstellen.

Profitieren würden beide Partner: Für die deutsche Stadt wird es leichter, ihre Klimaschutzverpflichtungen zu erfüllen, die afrikanische Stadt kann eine umweltfreundliche Energieversorgung aufbauen. Und bei Partnerschaftsreisen könnten neben all den wunderbaren kulturellen und politischen Begegnungsmöglichkeiten Erfahrungen im gemeinsamen Kampf gegen den Klimawandel ausgetauscht werden. Ich bin sicher: Wenn es uns gelingt, einen Austausch mit einer afrikanischen Stadt lebendig zu gestalten, dann wird dies ein Bewusstsein für das schaffen, was im 21. Jahrhundert erforderlich ist.

8 Rot oder schwarz: der Klimawandel in der Parteipolitik

Das erste Jahrzehnt seit der Jahrtausendwende macht zunehmend deutlich, dass die Vorhersagen der frühen Ökologiebewegung im Umfeld der ersten Ölkrise zutreffend waren: Die Sicherung der Energieversorgung, Umweltzerstörung und Klimawandel werden das beherrschende Thema des 21. Jahrhunderts. Das Aufkommen eines solchen »Megathemas« verändert nicht nur die politische Agenda. Auch die Tektonik der Parteienlandschaft gerät in Bewegung.

So war das in Deutschland schon in den 1970er-Jahren, als der Umweltgedanke sich erstmals in der Politik Raum verschaffte. Es war damals keineswegs ausgemacht, dass aus der höchst heterogenen »außerparlamentarischen Opposition« eine Partei entsteht, die sich schon mit der Namensgebung zuvörderst dem Umweltgedanken verschreibt. Die Namen von Erhard Eppler und Herbert Gruhl stehen symbolisch für die von beiden Volksparteien verpasste Chance, sich der Herausforderung des ökologischen Wandels frühzeitig zu stellen und zu verschreiben.

Herbert Gruhl war 1972 als Umweltminister im Schattenkabinett von Rainer Barzel vorgesehen. Bekanntlich scheiterte Barzel erst bei der Kanzlerwahl im Bundestag. Gruhl schrieb das 1975 veröffentlichte Buch »Ein Planet wird geplündert«, doch die CDU, für die er von 1969 bis 1980 im Bundestag Sitz und Stimme hatte, ignorierte diesen Alarmruf.

Nicht besser erging es Erhard Eppler, dessen ebenfalls 1975 erschienenes Buch »Ende oder Wende« angesichts des allmählich erkennbaren Raubbaus an der Natur den Übergang von einem »Zeitalter des Überflusses« in ein Zeitalter, in dem wir »erkennen, was überflüssig ist«, postulierte. Eppler wurde zu einem der ersten Gegner der Atomkraft in der SPD. Seine Position als Bundesminister gab er 1974 auf und auch als Vorsitzender der SPD in Baden-Württemberg konnte er seinen Kurs nicht durchsetzen.

Weil Eppler und Gruhl einsame Rufer in der Wüste der Volksparteien blieben, entstand eine neue Partei: Die Grünen. In fast drei Jahrzehnten parlamentarischen Wirkens hat sie den Umweltgedanken in Deutschland mehrheitsfähig gemacht. In der Umweltindustrie arbeiten heute mehr Menschen als in der Autoproduktion. Erneuerbare Energien haben im Jahr 2007 bereits 14 % des Strombedarfs gedeckt, die Atomkraftwerke 22 %. Öl kostete 2008 bereits 140 $ pro Barrel und Benzin zwar nicht fünf Mark, aber 1,50 Euro pro Liter.

Kanzlerin Angela Merkel hat auf den Gipfeln der Staats- und Regierungschefs in Heiligendamm und Bali im Jahr 2007 wiederholt für ein neues Klimaschutzabkommen nach Kyoto geworben. Arnold Schwarzenegger hat seine Wiederwahl durch einen radikalen Schwenk zu Umwelt- und Klimaschutz gewonnen. Das Umweltthema, das CDU und FDP der außerparlamentarischen Opposition und die Sozialdemokraten den Grünen überlassen hatten, ist ins Zentrum der Politik zurückgekehrt.

Wenn sich alle Parteien der klimafreundlichen Energieversorgung der Zukunft zuwenden, so hat dies zuerst Auswirkungen auf die Grünen selbst. Welche, das hängt von ihrer Reaktion ab. Sind sie zu ängstlich, kann es sein, dass ihnen ihr ureigenstes Thema und damit ihre Existenz abhandenkommt. Nutzen sie die Chance, dann werden sie zum Bezugspunkt der Programmatik der konkurrierenden

Parteien und damit zu einem bestimmenden Machtfaktor. Ich hoffe, dass meine Partei sich für den zweiten Weg entscheidet.

Richten sich die Grünen auf die gewachsene Bedeutung der Ökologie in der Politik ein, dann entstehen neue Fragen an Regierungsbündnisse. Wenn Ökologie nicht mehr rechts oder links, sondern vorne ist, wie es Herbert Gruhl formulierte, dann sind die Grünen potenziell mit der Union und der FDP ebenso bündnisfähig wie mit der SPD und der Linken. Die entscheidende Frage lautet: Wer will mehr Ökologie wagen?

Auf den ersten Blick scheint sich die SPD als idealer Partner anzubieten. In vielen Köpfen hat sich das Bild verfestigt, die SPD stehe den Grünen in ökologischen Fragen näher als die Union. Dieser Eindruck ist geprägt von den rot-grünen Regierungsjahren und den bildungsbürgerlichen Vertretern der SPD, die Grüne in Universitätsstädten kennen, wo sie selbst stark sind. Gemeinsam mit der SPD wurde der Atomausstieg erkämpft und zu den Versammlungen des »Papstes der erneuerbaren Energien« Hermann Scheer kommen nicht selten mehr Grüne als Rote.

Tatsächlich ist die Ökologie in der deutschen Sozialdemokratie aber noch immer in der Minderheit. Es gibt in der SPD nur einen Hermann Scheer und viele nicht ausgetretene Wolfgang Clements. Der Auto-Kanzler kanzelte den grünen Umweltminister ab: »In der Politik der Grünen brauchen wir mehr Fischer und weniger Trittin.« Unvergessen auch Schröders Intervention gegen die europäische Altautoverordnung, der sich Jürgen Trittin in der Umweltministerkonferenz beugen musste. Die SPD streitet sich mit der Union regelmäßig darum, wer mehr Geld für neue Straßen beschafft hat. Der SPD-Verkehrsminister hat im Konjunkturpaket II ein Verbot der Förderung von Bus und Bahn verankert. Über Wolfgang Tiefensee und seine Börsenirrfahrt mit Wolfgang Mehdorn kann man als

Bahnreisender nur den Kopf schütteln. Und der Ausstieg aus der Kohleförderung wäre an Saar und Ruhr ohne einen Wechsel der Regierung von der SPD zur CDU nicht vorangekommen. Selbst echte Errungenschaften wie das Erneuerbare-Energien-Gesetz mussten der SPD von den Grünen durch Zugeständnisse zugunsten von Wolfgang Clement und den Lobby-Interessen der RWE abgerungen werden.

Tatsächlich reduziert sich der ökologische Vorsprung der

SPD gegenüber der Union auf die Frage der Atomkraft. Hier hat die SPD nach Helmut Schmidt eine Wende vollzogen, die sie bisher an die nicht zuletzt wegen dieses Streits »verlorenen Söhne und Töchter« von den Grünen bindet. Die Union hat aber in der Großen Koalition gezeigt, dass sie den Atomausstieg – wenn auch widerwillig – toleriert.

Baden-Württembergs Ministerpräsident Oettinger macht seit einigen Jahren mit dem Vorschlag auf sich aufmerksam, die Laufzeiten der Atomkraftwerke nur zu dem Zweck zu verlängern, finanzielle Ressourcen für den Ausbau der erneuerbaren Energien zu gewinnen. Die Stromkonzerne sollen sich verpflichten, die Hälfte des Gewinns aus längeren Laufzeiten der Atomkraftwerke in erneuerbare Energien zu investieren. Ein Vorschlag, der von den Grünen zu Recht als Luftbuchung abgelehnt wird, aber politisch interessant ist. Begründet Oettinger sein Engagement für die Atomkraft doch explizit mit den Gefahren des Klimawandels und verbindet dies mit einer Forderung nach schnellerem Ausbau der erneuerbaren Energien, nicht der Atomkraft.

Gelegentlich versucht die Union sogar, in Umweltthemen die Grünen zu übertrumpfen und die SPD auszustechen. So hat die baden-württembergische Umweltministerin Tanja Gönner im Verein mit dem als erzkonservativ bekannten Fraktionschef Stefan Mappus ein Landesgesetz zur Förderung erneuerbarer Energien erlassen, das seinesgleichen sucht und weit über das hinausgeht, was die Grünen im Bund bis 2005 den Häuslebauern zumuten wollten.

Wer in Baden-Württemberg ein Haus baut oder wesentlich saniert, der muss nach dem Willen des Gesetzes mindestens teilweise erneuerbare Energien für die Heizung und das Bereiten von Warmwasser einsetzen. Ein fast schon revolutionärer Akt. Werden hier doch den tragenden Wählerschichten der Union, dem Mittelstand, finanzielle Verpflichtungen und Eingriffe in Eigentumsrechte im Namen des Klimaschutzes und der Ressourcenschonung zugemutet. Der Haus- und Grundbesitzerverein murrte zwar, machte aber nur böse Miene zum guten Spiel.

Das lässt erahnen, welches Potenzial in einer Koalition aus CDU und Grünen, aus Ökonomie und Ökologie stecken könnte. Wenn alle Parteien sich dem ökologischen Gedanken öffnen, sind nicht mehr Schnittmengen entscheidend, sondern Handlungsmöglichkeiten. Rot-Grün hat sich hier als schwach erwiesen. Die wirtschaftlichen Eliten haben der Regierung Schröder-Fischer die Gefolgschaft verweigert und so maßgeblich zu ihrem Ende beigetragen. So wie jener Inhaberunternehmer von der Schwäbischen Alb, der mir unlängst berichtete, er habe vor der Bundestagswahl 2005 alle Investitionen gestoppt, um für den Fall einer Niederlage der Union seinen 500-Mitarbeiter-Betrieb ins Ausland verlagern zu können.

Wie stark die Bindekraft der Union auf die Wirtschaft noch immer ist, kann man daran erkennen, dass die Unternehmerverbände nur leise zeternd eine Vielzahl von Entscheidungen dulden, die sie unter der Regierung Schröder als Untergang des Abendlandes gegeißelt hätte. Vom Anti-Diskriminierungs-Gesetz über die Mehrwertsteuererhöhung bis zum Gesundheitsfonds – die Wirtschaft hält das alles für Unsinn und Frau Merkel trotzdem die Treue.

In Verbindung mit der SPD entsteht aus dieser Fähigkeit der Union wenig Produktives. Die SPD nutzt ihr Gewicht in der Waagschale bestenfalls für sozialpolitische Maßnahmen, schlimmstenfalls für ökonomisch problematische Regulierungen, nicht aber für eine ökologische Revolution. Das ist – so erstaunlich es klingt – die Chance für Schwarz-Grün.

Eine ökologische Revolution unserer Gesellschaft und des ökonomischen Systems braucht starke Überzeugungen und starke Verbündete. Wer etwas grundlegend ändern

will, begibt sich in Konflikt mit Kräften der Beharrung. Wer die Wirtschaft umwälzen will, riskiert ökonomische Turbulenzen, wenn die wirtschaftlichen Eliten nicht mitgenommen werden. Das können die Grünen am ehesten mit der Union erhoffen.

Wenn wir den Klimawandel ernst nehmen, dann müssen wir in die Wirtschaft von heute massiv eingreifen. Wir müssen Vorschriften über den zulässigen Energieverbrauch von Elektrogeräten machen. Wir müssen spritschluckende Autos mit drastisch erhöhten Steuern vom Markt drängen und die Entwicklung sparsamer Modelle erzwingen. Wir müssen Kohle, Gas und Öl vom Markt nehmen und durch erneuerbare Energien ersetzen. Wir müssen den Luftverkehr drastisch verteuern und den Straßenverkehr durch Mautsysteme belasten. Wir müssen Vorschriften für die Sanierung von Gebäuden erlassen und veralteten technischen Systemen mit hohem Energieverbrauch die Zulassung entziehen. Und das ist nur ein kleiner Ausschnitt.

Ökonomisch ist das alles durchaus vernünftig. Denn obwohl bestehende Produkte und Firmen vom Markt gedrängt werden, entstehen neue Märkte und Betriebe, die in der Epoche des Klimawandels weltweit großartige Absatzchancen haben. Wir haben dies am Beispiel der Windkraftanlagenhersteller gesehen, die heute dank des technischen Vorsprungs aus Deutschland die Welt beliefern. Selbst der BDI hat errechnen lassen, dass eine Senkung des CO_2-Ausstoßes um 30% volkswirtschaftlich ein Gewinn wäre. Aber heute sind vor allem die Industrien von gestern mächtig, während die von morgen noch klein und einflussschwach sind. Deshalb muss die Union von einer solchen Großtransformation überzeugt werden – das können die Grünen. Und die Wirtschaft muss für die notwendige Neuausrichtung gewonnen werden – das kann die Union.

Nun gibt es viele berechtigte Einwände gegen politische Konzepte der Union. Grüne wollen nicht in einem Überwachungsstaat Marke Schäuble leben. Und sie sind angewidert von ausländerfeindlichen Kampagnen Marke Koch. Aber Koalitionen sind Zweckbündnisse auf Zeit. Wo man sich nicht einig ist, können zur Not Waffenstillstände und Burgfrieden geschlossen werden. In vielen Fällen wird es gelingen, aus Gegensätzen neue Ansätze zu entwickeln. Als in Baden-Württemberg 2006 eine schwarz-grüne Koalition sondiert wurde, standen sich die Windkraftphobien der CDU und die Atomkraftgegnerschaft der Grünen unversöhnlich gegenüber. Man hätte sich auf ein Negawatt-Programm zur Energieeinsparung als konstruktive Lösung im Sinne schwäbischen schwarz-grünen Tüftlergeistes einigen können.

Unvereinbar sind CDU und Grüne längst nicht mehr. Die alten ideologischen und klassenkämpferischen Gegensätze sind mit dem Warschauer Pakt und dem Sowjetimperium untergegangen. Sogar die machtpolitischen Antipoden FDP und Grüne verbinden durchaus gemeinsame Auffassungen in Fragen der Rechtsstaatlichkeit und des Schutzes der Bürger vor Übergriffen des Staates. Mindestlöhne haben Grüne und Linke noch vor der SPD gefordert. Die Grünen sind gelegentlich noch konservativer als die CDU und mit ihr konträr zum technischen Fortschrittsglauben der SPD ausgerichtet, wenn ethische Fragen zu bedenken sind, wie die Debatte um die Stammzellforschung zeigt.

Tabuzonen und Quarantäneeinrichtungen haben in der deutschen Politik der Gegenwart ihre Berechtigung verloren. Und die Schnittmengentheorie scheitert immer häufiger an den Wahlergebnissen: Die klassischen Schnittmengenkoalitionen Rot-Grün und Schwarz-Gelb finden nur noch selten eine Mehrheit im Wahlvolk.

In der Schnittmengenlogik führt das auf die Erweiterung Rot-Rot-Grün. Die programmatische Schnittmenge dieser drei Parteien ist größer als jede Konstellation mit

Lagerquerungen. Kein Wunder also, dass der frühere SPD-Chef Kurt Beck den Bannstrahl über der Linken aufgehoben hat. Rot-Rot-Grün sollte in Hessen getestet werden und scheiterte mehr am Bruch eines Wahlversprechens und Dilettantismus als an den Positionen und Programmen der drei Parteien. Dass daraus ein übertragbares Erfolgsmodell für Koalitionen wird, darf man allerdings bezweifeln. Die Linke hat als Protestbewegung im Westen vorerst weder ein Interesse noch das Personal, um Regierungsverantwortung zu übernehmen. Die Summe aller populären Forderungen, Versprechungen und Wünsche ist kein Regierungsprogramm.

Zeit, neu zu denken. An die Stelle der Schnittmengentheorie könnte die Logik der Innovation aus produktivem Streit treten. Union und Grüne sind dafür eine beispielhafte Konstellation. Aus den Gründungstagen der Grünen sind die beiden Parteien sich historisch in Abneigung verbunden. Aber fast 30 Jahre nach dem Einzug der Grünen in die ersten Landesparlamente hat eine neue Generation von Unionspolitikern erkannt, dass sie grüne Positionen zu gesellschaftspolitischen und ökologischen Fragestellungen übernehmen muss, um den Anschluss an urbane Milieus zu halten.

Umgekehrt haben die Grünen schmerzhafte Anpassungsprozesse an politische Realitäten hinter sich, von Afghanistan bis zur Entwicklung solider Haushaltspolitik. Weil wir »die Erde nur von unseren Enkeln geborgt« haben, sind »nachhaltige Finanzpolitik« und Generationengerechtigkeit zu einem neuen Kern grüner Identität geworden. Die Basis für eine Koalition ist mit dieser gegenseitigen Annäherung gelegt.

Auch ein strategisches Motiv für schwarz-grüne Bündnisse gibt es. Die Westerwelle-FDP ist für die Union ein gefährlicher Partner, weil deren neoliberaler Anstrich und fehlende personelle Attraktivität das schwarz-gelbe Lager die Mehrheit kosten können. Für die Grünen sind Bündnisse mit der Linkspartei riskant, weil sie dabei leicht als Öko-FDP erscheinen könnten und vermutlich allzu oft gezwungen wären, wirtschaftlich und außenpolitisch problematische Entscheidungen mitzutragen.

Und die grüne Basis? Ist mehrheitlich längst so weit. Würde die grüne Mitgliedschaft heute zwischen Frank-Walter Steinmeier und Angela Merkel entscheiden müssen, bliebe die Kanzlerin mit Sicherheit im Amt. In einer schwarz-grünen Regierung müsste sie allerdings zeigen, dass ihren Worten zum Klimaschutz auch Taten folgen. Es käme auf den Versuch an.

9 Ausblick: Yes we can!

192 Barack Obama hat ein schweres Amt übernommen. Die Erwartungen und Hoffnungen, die auf ihm ruhen, türmen sich zu einer Herausforderung, die sich allenfalls mit den Herkulesaufgaben der alten Griechen beschreiben lässt. Auf die Götter kann Obama allerdings nicht zählen. Und dennoch. Es ist unmöglich, am Anfang des Jahres 2009 über Klimaschutz im kommenden Jahrzehnt zu schreiben, ohne Obama zu zitieren.

Die Vereinigten Staaten von Amerika sind alleine für rund 30% der globalen Treibhausgasemissionen verantwortlich. In keinem anderen Land der Welt verbrauchen die Menschen pro Kopf so viel Energie, in keinem anderen Land wird dem Klima so viel Schaden zugefügt wie in den USA. Zugleich war der Lebensstil der US-Bürger das Leitbild des 20. Jahrhunderts. Die ganze Welt strebte danach, den Wohlstand der Amerikaner zu erreichen oder wenigstens ein Stück davon abzubekommen.

Die Weigerung der führenden Nation der Welt, sich am Kampf gegen die Klimakatastrophe zu beteiligen, hat die internationale Gemeinschaft ein Jahrzehnt fast gelähmt. Der amerikanische Kongress hat bis zum Ende der Amtszeit von George W. Bush die Ratifizierung des Kyoto-Abkommens zur Reduktion der Treibhausgasemissionen verweigert. Für Bush war es schon ein großer Schritt, die Realität der Bedrohung durch den Klimawandel am Ende seiner Präsidentschaft auch nur anzuerkennen. Als Gefahr für die USA sah er nicht die wachsenden Treibhausgasemissionen, sondern die Abhängigkeit seines Landes von Ölimporten. Neue Bohrungen in Naturschutzgebieten und militärische Sicherung der Ölquellen am Persischen Golf waren die konsequenten Antworten auf diese Bedrohungsanalyse.

Barack Obama müsste nicht die charismatische Führungspersönlichkeit sein, die er ist, um Hoffnungen auf eine neue Zeit zu wecken. Die Erwartungen an ihn sind schon allein so groß, weil die Irrtümer seines Vorgängers so gravierend waren. Deshalb genügte die Ankündigung Obamas, er werde diese Fehler korrigieren, für eine weltweite Aufbruchstimmung. Das tat er schon zwei Wochen nach der Wahl.

In einer viel beachteten Videobotschaft an die Teilnehmer eines von Kaliforniens Gouverneur Arnold Schwarzenegger in Los Angeles veranstalteten Klimaschutzgipfels sagte Obama, er werde »ein neues Kapitel amerikanischer Führung« in der Frage des Klimawandels aufschlagen: »Wenige Aufgaben, vor denen Amerika und die Welt stehen, sind dringender als der Kampf gegen den Klimawandel. Viele von Ihnen arbeiten daran, Antworten auf diese Herausforderung zu finden … aber leider hat Washington es nicht geschafft, ebenso wegweisend voranzugehen. Das wird sich ändern, wenn ich das Präsidentenamt übernehme.«

In seiner historischen Rede zur Amtseinsetzung am 20. Januar 2009 in Washington vor dem Kapitol knüpfte Obama an diese Rede an, indem er die großen Herausforderungen seiner Präsidentschaft aufzählte: Krieg gegen den Terror, die Wirtschaftskrise und der Klimawandel, denn »jeder Tag bringt neue Beweise dafür, dass die Art, wie wir Energie verbrauchen, unsere Gegner stärkt und unseren Planeten bedroht«. In der deutschen Berichterstattung wurden häufig nur Krieg und Wirtschaftskrise, nicht aber Klimawandel aus dieser Passage zitiert. Dabei präsentierte Obama in seiner Rede auch die Lösung: »Wir werden die Sonne, den Wind und den Ackerboden nutzbar machen, um unsere Autos und Fabriken mit Energie zu versorgen.«

Barack Obama meint also auch den Klimaschutz, wenn er uns zuruft: Yes we can. Und er hat recht damit. Die Fehler der Vergangenheit sind die große Chance der Zukunft. Unser Energiesystem basiert auf unglaublicher Verschwendung. Wir können zwei Drittel der Energie, die wir heute in Form von Kohle, Öl und Erdgas einsetzen, einfach einsparen, ohne irgendwelche Abstriche an unserem Wohlstand in Kauf nehmen zu müssen. Wir können durch Investitionen in Klimaschutztechniken neuen Wohlstand und neue Arbeitsplätze für das kommende Jahrhundert schaffen. Wir können die Energieversorgung der Welt in weniger als hundert Jahren vollständig auf erneuerbare Energien umstellen.

Das wird nicht nur dem Klima nutzen, sondern auch der Wirtschaft. Deutschland ist heute Weltmarktführer in grüner Technologie. In der Umweltschutzindustrie arbeiten bereits mehr Menschen als im Fahrzeugbau. Wenn wir technisch an der Spitze bleiben, sind diese Arbeitsplätze für ein Jahrhundert sicher, weil die Aufgabe Klimaschutz ein Jahrhundert erhalten bleibt. Wir können mit grünen Ideen schwarze Zahlen schreiben und den Industriestandort Deutschland sichern.

Doch müssen wir darauf achten, diese Führungsposition nicht zu verspielen. Wenn die USA den Klimaschutz nun wirklich als Aufgabe entdecken, werden sie solch immense Kapital- und Geistesressourcen mobilisieren, dass der Vorsprung schnell dahin sein kann. Der Wettbewerb um klimafreundliche Technologien ist bereits in vollem Gange.

Und hier sind wir alle gefragt. Denn Klimaschutz ist mehr als nur die Wirkungsgradsteigerung eines Verbrennungsprozesses. Klimaschutz erfordert einen vollständigen Wandel des Lebens in den industriellen Gesellschaften. Ein solcher Wandel ist unter demokratischen Vorzeichen nur denkbar, wenn er von den Menschen ausgeht und getragen wird. Verordnen lässt sich das nicht.

Die Städte und Regionen, die es schaffen, ihre Strukturen systematisch auf die Zeit nach der Kohlenstoffwirtschaft vorzubereiten, werden in Zukunft attraktiv sein. Dort wo hohe Lebensqualität mit Klimaschutz vereinbar ist, sind die pulsierenden Zentren des 21. Jahrhunderts. Diesen Prozess zu gestalten ist uns allen möglich. Als Konsumentinnen und Wähler, als Unternehmerinnen und Verkehrsteilnehmer, als Vermieterinnen und Politiker. In welcher Stadt und Gesellschaft wollen Sie leben?

Die offene Frage ist einzig und allein: Ist unser Wille stark genug? Was wir überwinden müssen, sind nicht technische Barrieren oder Grenzen des Machbaren, sondern die Beharrungs- und Trägheitskräfte in Politik, Wirtschaft und Gesellschaft. Wir müssen bereit sein, Investitionen zu tätigen, deren Früchte erst unsere Enkel ernten können. Ist den Menschen so viel Weitblick gegeben?

Aber ja! Wenn Sie durch einen Wald spazieren, dann sehen Sie mit Sicherheit Bäume, die von Menschen gepflanzt und gehegt wurden, die längst tot sind. Mehr noch, diese Menschen wussten, dass sie das Holz der Eichen oder Buchen, die sie pflanzten, nicht selbst würden nutzen können. Sie säten, damit andere ernten können. Jede Zivilisation baut auf den Leistungen vergangener Generationen auf. Es ist Teil der menschlichen Natur, Fürsorge für die Generation der Kinder und Kindeskinder zu übernehmen. Die Menschheit hat nie zuvor über annähernd so viel Wissen, Fähigkeiten und Kapital verfügt wie heute. Warum sollten gerade wir diejenigen sein, die den Planeten geplündert und zerstört hinterlassen?

10 So machen Sie blau: 25 Tipps für persönlichen Klimaschutz

Kategorien/Umsetzung	Kategorien/Wirksamkeit (Klimataler)
👍 = Einstieg	❶ = kleinere Klimaschutzwirkung
👍👍 = Fortgeschrittene	❶❶ = mittlere Klimaschutzwirkung
👍👍👍 = Profi	❶❶❶ = größere Klimaschutzwirkung

1 Wechseln Sie zu Ökostrom (👍 / ❶❶❶)

Einfacher können Sie Ihre persönliche Klimabilanz kaum verbessern: Mit dem Wechsel zu einem Ökostromtarif spart ein Durchschnittshaushalt etwa 10 % seiner CO_2-Emissionen ein. Natürlich ändert sich der Strom aus der Steckdose mit einem Tarifwechsel nicht. In der Leitung vermischt sich »Ökostrom« mit »Egalstrom«. Deshalb kommt es darauf an, dass Sie »echten« Ökostrom beziehen.

Manche Ökostromtarife sind nämlich Mogelpackungen. Besonders die Vertriebstöchter der großen Energiekonzerne beschränken sich gerne auf ein neues Etikett für ohnehin erzeugten Wasserkraftstrom. Dieser Handel mit Zertifikaten hilft dem Klima nicht. Schlimmstenfalls zahlen Sie dafür, dass andere Abnehmer reinen Kohle- und Atomstrom billiger kaufen können.

Echte Ökostromtarife zeichnen sich durch zwei Eigenschaften aus: Erstens muss der Strom direkt aus einem Ökokraftwerk bezogen werden. So entscheiden Sie, wohin Ihr Geld fließt und welche Unternehmenspolitik Sie mit Ihrer Stromrechnung unterstützen. Zweitens muss ein Teil des Preises direkt in den Ausbau erneuerbarer Energien fließen. Damit tragen Sie dazu bei, dass mehr Ökostrom produziert wird. Gesichert werden sollte das über eine unabhängige Zertifizierung und über die Verpflichtung zur Investition in Neuanlagen.

Echter Ökostrom ist teurer als Egalstrom vom selben Anbieter. Bei den Stadtwerken Tübingen können Sie aber echten Ökostrom beziehen, der oft günstiger ist als Egalstrom von der Konkurrenz. Der Wechsel lohnt sich für Sie und das Klima!

➡ www.swtue.de oder www.verivox.de
oder www.ecotopten.de

2 Energiesparlampen (👍 / ➊)

Tauschen Sie noch vor dem EU-weiten Verbot konventionelle Glühlampen überall gegen Leuchtstoff- oder Energiesparlampen, denn Glüh- und Halogenlampen erzeugen bis zu zehnmal mehr Wärme als Licht. Achten Sie beim Kauf auf hochwertige Lampen der Energieeffizienzklasse A und eine angenehme Lichtfarbe. Sie gewinnen doppelt: Da Energiesparlampen länger als Glühlampen halten und

nur ein Fünftel des Stroms verbrauchen, sparen Sie unterm Strich mit jeder Lampe bis zu 100 Euro.

Häufiges Schalten ist für Markenfabrikate mit elektronischem Vorschaltgerät und Vorheizsystem kein Problem. Dennoch ist es für eine längere Lebensdauer empfehlenswert, zwischen dem Aus- und Einschalten möglichst eine Pause von zwei Minuten zu lassen. Auch Energiesparlampen gehen kaputt und müssen als Sondermüll entsorgt werden, da sie einige Milligramm Quecksilber enthalten. Da aber Glühlampen fünfmal mehr Strom als Energiesparlampen verbrauchen, ist die Quecksilberbelastung laut Öko-Institut bei Glühlampen durch die Emissionen aus Kohlekraftwerken rund doppelt so groß.

Zunehmend kommen auch Strom sparende LED-Lampen auf, die vor allem für niedrigere Beleuchtungsstärken gut geeignet sind. Hier wird es noch viele Neuerungen geben. Doch warten Sie mit der Trennung von Ihren Glühlampen nicht mehr zu. Bis die Glühbirne kaputt ist, hat sie viel Geld und Kohle nutzlos verbrannt. Übrigens, wenn Sie eine komplette Leuchte kaufen, greifen Sie nur zu, wenn eine Energiesparlampe verwendet werden kann.

➡ www.ecotopten.de ➡ Wohnen

3 Effiziente Heizungspumpen (👍 / ➊➊)

Wie kommt das warme Wasser in die Heizkörper? Eine kleine Pumpe verteilt es fleißig in die Rohre. Sie arbeitet jährlich bis zu 6000 Stunden und bietet eines der größten Stromsparpotenziale im privaten Haushalt: die Heizungspumpe. Denn Heizungspumpen benötigen teilweise sehr viel Strom. So pumpen betagte, ungeregelte Heizungspumpen stets mit voller Leistung (teilweise bis zu 100 Watt). Auch eine Drosselung der Heizungsventile hat keinerlei senkende Wirkung auf den Stromverbrauch. So verbrauchen veraltete Heizungspumpen durchschnittlich fünfmal mehr Strom als aktuelle Pumpen und sind in manchem Haushalt Ursache für 10 Prozent der Stromkosten.

Nutzen Sie deshalb eine Hocheffizienzpumpe, die im Vergleich zu älteren Modellen und auch einigen aktuellen Standardpumpen nur einen Bruchteil an Leistungsaufnahme (teilweise unter 10 Watt) und Verbrauch hat. Ein effizientes Innenleben und eine gute Steuerung helfen, den Stromverbrauch des fleißigen Helfers deutlich zu senken. Ihre Investition in eine Hocheffizienzpumpe rentiert sich oft bereits nach zwei bis vier Jahren. Die Pumpen erkennen Sie leicht am Energie-Label »Klasse A«. Die Kennzeichnung mit dem Energie-Label, das dem Label zum Beispiel von Kühlschränken angelehnt ist, erfolgt jedoch freiwillig. Deshalb sind nicht alle Pumpen klassifiziert. Achten Sie auch bei Ihrer thermischen Solaranlage auf eine effiziente Pumpe. Für den Austausch einer Heizpumpe benötigen Sie einen fachkundigen Handwerker. Eine Liste qualifizierter Unternehmen stellen Ihnen die örtlichen Innungen der Sanitär- und Elektroinstallateure zur Verfügung.

➡ »PumpenCheck« auf www.klima-sucht-schutz.de

4 Klimafreundliches Waschen (👍 / ❶)

Durchschnittlich zehn Prozent des privaten Stromverbrauchs entfallen auf Wäschewaschen und Trocknen. Davon ließe sich rund die Hälfte einsparen. Mein Tipp: rauf mit der Füllung und runter mit der Temperatur. Zum effizienten Waschen gehört, dass Sie die Maschine immer voll beladen. Meist passt mehr rein, als Sie denken. Zwar bieten viele Waschmaschinen ½-Programme, doch diese reduzieren bei halber Beladung den Verbrauch nicht ganz auf die Hälfte. Wenn Sie sparen wollen, sollten Sie gerade mit den halben Portionen sparsam sein.

Bei unseren Waschmitteln kann auf den Kochwaschgang verzichtet werden. Er bietet weder aus hygienischen noch aus Gründen der besseren Waschwirkung besondere Vorteile. Meist reichen 30 oder 40 °C aus, bei sehr hartnäckiger Verschmutzung empfiehlt sich eine Temperatur von 60 °C. Bedenken Sie: Je höher die Waschtemperatur, desto höher der Stromverbrauch. Sie sparen die Hälfte an Strom, wenn Sie Ihre Wäsche statt bei 60 °C bei 40 °C waschen. Schalten Sie auf 30 °C herunter, benötigen Sie nur noch knapp ein Drittel.

Zudem sollten Sie vor allem Energiesparprogramme nutzen, die Energie einsparen, indem hohe Waschtemperaturen gesenkt und durch längere Einwirkzeiten ausgeglichen werden. Dies verlängert den Waschvorgang, aber durch das Weglassen der in den meisten Fällen unnötigen Vorwäsche holen Sie die Zeit wieder rein.

➡ www.stromeffizienz.de ➡ Energiespartipps

5 Wäschetrocknen statt Klima anheizen (👍 / ❶)

Wäschetrockner sind in der Regel Stromfresser. Bei einem durchschnittlichen Trockner wird pro Durchgang viermal so viel Strom verbraucht wie für eine 60-Grad-Buntwäsche. In einem vierköpfigen Haushalt kommt ein elektrischer Trockner im Schnitt auf rund 500 kWh Stromverbrauch pro Jahr. Bei einem Wäschetrockner sollte Ihre erste Frage deshalb sein: Brauche ich dieses Gerät wirklich? Die Alternative, die zwei Drittel aller Haushalte nutzen, ist die klassische Wäscheleine (Wäscheständer, Trockenraum) mit unübertroffener Energieeffizienz.

Nur wenn der Bedarf wirklich da ist oder das normale Trocknen an den baulichen Gegebenheiten scheitert, ist diese Anschaffung sinnvoll. Greifen Sie dabei zur Energieeffizienz-Klasse A. Klasse A erreichen nur sehr wenige Geräte mit Gas-Anschluss oder Wärmepumpe. Wenig Strom verbrauchen auch Kaltluft-Trockenschränke. Jedoch kommen sie selten zum Einsatz, da die Trockendauer bei rund sieben Stunden liegt.

Drei Tipps helfen beim Wäschetrockner noch zusätzlich Strom zu sparen: Verkürzen Sie die Trockenzeit, indem Sie mit möglichst hoher Umdrehungszahl nach dem Waschen schleudern. Wäsche mit 1200 U/min trocknet um ein Drittel schneller bzw. energiesparender als mit 800 U/min. Achten Sie darauf, wenn Sie maschinell trocknen, die Wäsche nicht zu übertrocknen, denn das schadet den Textilien, Ihrer Stromrechnung und dem Klima. Und nutzen Sie den Trockner so selten wie möglich.

➡ www.spargeraete.de

6 Warmwasseranschluss (👍👍 / ❶)

Wasch- und Geschirrspülmaschinen verbrauchen einen erheblichen Anteil des Stroms für die Erwärmung von Wasser. Hier lässt sich viel CO_2 einsparen, wenn Sie eine energieeffiziente Warmwasserversorgung für die Maschinen einrichten – etwa mit einer modernen Holz-, Gas- oder Ölheizung, mit einer Solaranlage oder mit Nah- oder Fernwärme.

Doch aufgepasst, die meisten Wasch- und Geschirrspülmaschinen können nicht einfach an das Warmwasser angeschlossen werden. Dazu benötigen Sie entweder dafür ausgerüstete Geräte mit zwei Wasserzuläufen oder ein Vorschaltgerät, das die Mischung von kaltem und warmem Wasser übernimmt.

Kann beispielsweise die Waschmaschine direkt oder über ein Vorschaltgerät an die Warmwasserleitung angeschlossen werden, verringert sich der Stromverbrauch um den Anteil, der normalerweise für das elektrische Aufheizen des Wassers verwendet wird. Die Stromeinsparung beträgt bis zu 40 Prozent, wenn das Wasser über eine Solarthermie-Anlage erwärmt wird. Wird das Wasser über eine Gas- oder Ölheizung erwärmt, wird immer noch um bis zu 20 % weniger Energie verbraucht.

Übrigens ergibt jede eingesparte Kilowattstunde Strom bei Ihnen eine Einsparung von rund drei Kilowattstunden Energie im Großkraftwerk – also ein dreifacher Gewinn für die Umwelt. Denn in konventionellen Kraftwerken gehen rund zwei Drittel der eingesetzten Energie ungenutzt als Abwärme verloren. Das macht Strom viel zu schade zum Verheizen.

7 Kühlschranknutzung mit coolem Köpfchen (👍 / ❶)

Der Verbrauch von Kühl- und Gefriergeräten hängt stark vom Nutzer-Verhalten ab. Deshalb sollten Sie folgende Tipps beachten: Stellen Sie die Geräte an einen kühlen Ort, nicht in die Sonne oder neben Wärmequellen wie den Herd, auf (jedoch angegebene Umgebungstemperatur nicht unterschreiten). Sorgen Sie dafür, dass die Rückseite des Gerätes gut umlüftet ist, damit die Wärme abziehen kann; und halten Sie bei Einbaugeräten immer die Lüftungsschlitze frei.

Beim Füllen gilt es die Türe möglichst kurz zu öffnen. Dabei hilft, Ordnung im Gerät zu halten und vor dem Hineinstellen der Lebensmittel alles griffbereit zu platzieren. Speisen und Getränke nur abgedeckt und abgekühlt in die Geräte stellen. Vermeiden Sie Leere im Kühlschrank, dann entweicht weniger Luft beim Öffnen der Tür. Sobald Reif- und Eisbeläge dicker als drei Millimeter sind, heißt es abtauen. Wenn Sie gefrorene Lebensmittel im Kühlschrank abtauen, kühlt dies das Innere.

Auch eine regelmäßige Pflege ist wichtig; deshalb alle ein bis zwei Jahre vorsichtig Kompressor und Wärmetauscher des Kühl- oder Gefriergerätes reinigen und die Tür- bzw. Klappendichtungen auf Beschädigungen und Dichtheit prüfen. Die optimale Temperatur im Kühlschrank beträgt 7 °C (im obersten Fach weit vorne gemessen) und im Gefriergerät minus 18 °C. Übrigens, da Kühl- und Gefriergeräte Tag für Tag, Nacht für Nacht, zu unseren Diensten sind, lohnt sich hier ein A++-Modell meist besonders schnell.

8 Klimafreundlich am Herd (👍👍 / ❶)

Rund 12% des Stromverbrauchs der privaten Haushalte entfallen auf das Backen und Kochen. Unabhängig von der technischen Ausstattung können Sie mit Fingerspitzengefühl am Herd einiges an Energie sparen: Kochen ohne Deckel ist wie Heizen bei offenem Fenster. Ohne den passenden Deckel benötigt man zwei- bis dreimal so viel Energie.

Töpfe und Pfannen sollten Sie immer passend zum Durchmesser der Kochstellen wählen. Die Böden der Töpfe und Pfannen müssen eben sein. Bei Gemüse und Kartoffeln genügt es, wenn der Topfboden mit Wasser bedeckt ist, sodass im heißen Dampf gegart wird. So bleiben auch die Vitamine erhalten. Bei Garzeiten über 20 Minuten lohnt der Schnellkochtopf, er spart bis zu 30% Energie und bis zu 50% Zeit. Und tiefgekühlte Lebensmittel nicht mit dem Herd, sondern lieber über Nacht im Kühlschrank auftauen.

Beim Backen kann meist auf ein Vorheizen des Backofens verzichtet werden. Ausnahmen sind sehr empfindliche Teigsorten wie Blätterteig. Und die Umluftfunktion spart nicht nur Zeit, sondern auch Energie, weil meist die Temperatur um 20 Grad niedriger eingestellt werden kann. Auch wenn die Neugierde lockt: die Ofentür während des Backvorgangs nicht ständig öffnen, denn so entweicht unnötig Wärme. Sowohl beim Backofen als auch bei vielen Kochfeldern kann oft die Nachwärme genutzt werden, wenn schon vor Ende der Back- oder Garzeit ausgeschaltet wird. Nutzen Sie auch diese Energie bewusst aus.

9 Leerlauf vermeiden (👍👍 / ❶❶)

Zwei Großkraftwerke laufen in Deutschland für den überflüssigen Stromverbrauch von Elektrogeräten, die Strom verbrauchen, obwohl sie ungenutzt sind. Dies können beispielsweise Wasserboiler, Kaffeemaschinen, Video- und DVD-Recorder, Hifi- und EDV-Anlagen sein. Manche Geräte verbrauchen weiter Strom, obwohl sie direkt am Gerät ausgeschaltet wurden; sie sind nur »scheinaus«. Andere Geräte haben gar keinen Ausschalter mehr, sodass so lange Strom verschwendet wird, bis der Netzstecker gezogen wird. Wieder andere Geräte verbrauchen im Stand-by nur unwesentlich weniger Strom als angeschaltet.

Schein-Aus-Zustände, Stand-by-Betrieb etc. kosten jeden Privathaushalt im Schnitt fast 100 Euro pro Jahr. Deshalb trennen Sie Ihre Geräte am besten vollständig vom Netz: Ziehen Sie den Stecker oder schalten Sie eine schaltbare Steckdosenleiste dazwischen. Zum Beispiel mit den Produkten der Tübinger Firma Brennenstuhl sind alle Elektrogeräte mit einem Klick wirklich aus.

Und gehen Sie auf die Jagd nach Stromräubern. Messen Sie mit einem Energieverbrauchsmessgerät Ihre Geräte durch, um festzustellen, ob sie zu viel Strom im Betrieb, im Auszustand oder im Leerlauf verschwenden. Messgeräte verleihen zahlreiche Stellen; eine Liste gibt es im Internet unter www.no-e.de. Beim Neukauf sollten Sie sich erkundigen, ob der Ausschalter wirklich ausschaltet und ob der Stand-by-Verbrauch unter 1 Watt liegt (bei Fernsehern unter 0,5 W).

➡ www.no-e.de oder www.energielabel.de

10 Powermanagement am Computer (👍👍 / ❶)

Die Informations- und Kommunikationstechnik produziert so viele Klimagase wie der weltweite Flugverkehr. Dabei kann das richtige Powermanagement den Verbrauch je nach Nutzungsmuster um bis zu 90 % verringern und so bis zu 60 Euro Stromkosten sparen.

Nutzen Sie die Energiesparfunktionen; sie sorgen dafür, dass nur diejenige Hardware-Komponente Strom verbraucht, die tatsächlich gerade genutzt oder für den Betrieb benötigt wird. Alle anderen Komponenten schalten automatisch ab, vorausgesetzt sie unterstützen den Energiesparmodus. Deaktivieren Sie den Bildschirmschoner und aktivieren Sie stattdessen die Funktion »Monitor ausschalten«, etwa nach fünf Minuten der Nichtnutzung.

Oft müssen nicht alle Geräte ständig unter Strom stehen. Schalten Sie beispielsweise Lautsprecher, Modem, Router und Drucker erst ein, wenn Sie sie brauchen. Gönnen Sie Ihrem Computer auch mal eine Pause und schalten Sie ihn komplett aus. Denn ständig in Betrieb zu sein, macht nicht nur dem Klima Stress, sondern meist auch dem User. Schalten Sie dann den Computer samt Peripheriegeräte über eine schaltbare Steckerleiste ab, so gibt es sicher keine heimlichen Stromfresser mehr.

Achten Sie bei der Auswahl von Hard- und Software auch darauf, dass Energiesparfunktionen vorhanden und nutzbar sind. Fragen Sie beim Verkäufer gezielt nach. Eine Orientierungshilfe für Strom sparende Desktop- und mobile Computer ist ferner der Energy Star in der Version 4.0.

➡ www.energiesparende-geraete.de

11 Kauf von Elektrogroßgeräten (👍👍👍 / ❶❶)

Vermeintliche Schnäppchen und Energiespargeräte kommen oft mit alter Technik in neuen Kleidern daher. Denn leider sind die Energieeffizienzklassen des EU-Labels mit A bis G inzwischen völlig überholt und keine Hilfe mehr für Stromsparer und Klimaschützer. Nur bei Kühl- und Gefriergeräten ist das Label noch einigermaßen hilfreich: Kaufen Sie immer A++.

Wenn der Kauf von Haushaltsgeräten wie Backofen, Kühlschrank, Spül- oder Waschmaschine ansteht, dann sollten Sie den Verbrauch in Kilowattstunden (kWh) auf dem Label bzw. in der Bedienungsanleitung den Verbrauch für die Programme und Funktionen, die Sie voraussichtlich am häufigsten benötigen werden, nachlesen. Achten Sie auch darauf, dass die Geräte nicht überdimensioniert sind und keine energieverschwendenden Funktionen haben.

Vielleicht kann auf ein Gerät sogar verzichtet werden. Eventuell kann die klimafreundliche Wäscheleine den Strom fressenden Trockner oder das Gaskochfeld ein Elektrokochfeld ersetzen. Oder Sie benötigen die Gefriertruhe nicht mehr und es reicht ein Kombigerät, weil die Kinder aus dem Haus sind.

Übrigens ist fast jedes zweite Elektrogroßgerät älter als zehn Jahre und meistens nicht mehr Stand der (Energiespar-)Technik. Denn dank neuer Effizienztechniken werden Elektrogroßgeräte für den privaten Haushalt im Schnitt immer sparsamer. Deshalb lohnt es sich, nach veralteten Geräten zu fahnden und diese gegen neue auszutauschen.

➡ www.spargeraete.de

12 Klimaanlage (👍👍👍 / ❶❶)

Wenn draußen die Sommerhitze unerträglich wird, sollten Sie nicht auf Klimageräte setzen, um es in den eigenen vier Wänden kühl zu haben. Eine Klimaanlage kann Ihre Stromrechnung glatt verdoppeln. Ein einziger heißer Monat mit täglich zehn Stunden Kühlung lässt die Stromrechnung selbst bei einem relativ sparsamen Gerät schnell um über 50 Euro steigen. Der erhöhte Energiebedarf trägt dann zur weiteren Erwärmung des Klimas bei.

Wenn Sie es auch im Hochsommer drinnen kühler haben wollen, hilft am besten, die Fenster nur in den frühen Morgen- oder späten Abendstunden und nachts zu öffnen, wenn die Luft kühler ist. Dann tagsüber sowohl Fenster als auch Fensterläden oder Jalousien geschlossen halten, sodass keine warme Luft oder Sonnenstrahlen in die Räume eindringen. Außenjalousien sind viel wirkungsvoller als innen liegende, denn sie lassen die Hitze gar nicht erst in den Raum. Auch eine gute Wärmedämmung und luftige Kleidung kann Energieausgaben senken.

Wenn Sie dennoch nicht auf ein Klimagerät verzichten wollen, empfehle ich zweiteilige Anlagen (Splitgeräte) der Effizienzklasse A. Und auch hier gilt: Jeder zusätzliche Sonnenstrahl, der in den Raum dringt, schwächt die Kühlwirkung ab und steigert den Stromverbrauch. Auch sollten keine zusätzlichen Wärmequellen im Raum sein und die Temperatur nicht zu kalt eingestellt sein. Zudem lohnt es sich, den Raum mit der kühlen Abend- und Nachtluft vorzukühlen, dann muss das Raumklimagerät weniger leisten.

13 Alternativ mobil (👍👍 / ❶❶❶)

Machen Sie doch auf Ihren täglichen Wegen etwas für Ihre Gesundheit und für das Klima. 60% aller Autofahrten sind kürzer als fünf Kilometer und verbrauchen damit überproportional Sprit. Nehmen Sie Kurzstrecken sportlich, gehen Sie zu Fuß oder fahren Sie mit dem Fahrrad. Und für den längeren Weg zur Arbeit nutzen Sie am besten Bus und Bahn.

Denn wenn Sie rund 50 Kilometer einfach mit einem Mittelklasse-Diesel-PKW pendeln, belasten Sie damit das Klima täglich mit rund 17 kg CO_2. Fahren Sie dagegen mit dem Regionalzug, können Sie bei 210 Arbeitstagen 1,5 Tonnen CO_2 pro Jahr sparen und haben Zeit zum Arbeiten, Lesen, Dösen oder Plaudern. Sind Bus und Bahn nicht passend, sollten Sie eine Fahrgemeinschaft bilden. Nehmen Sie nur einen netten Kollegen oder eine nette Kollegin mit, sind 50% Sprit gespart. Meist passen noch mehr Personen in das Auto.

Oder Sie verzichten gar ganz auf ein eigenes Auto und nutzen das Carsharing, die organisierte, gemeinschaftliche Nutzung von Kraftfahrzeugen, die es in immer mehr Regionen gibt. Ein Auto, das nur von einer Person gefahren und finanziell unterhalten wird, steht meist mehr als 23 Stunden am Tag. Ein Carsharing-Fahrzeug wird dagegen von vielen Menschen gemeinsam besser ausgelastet und finanziert. Jedes Carsharing-Fahrzeug ersetzt im Schnitt vier bis acht private Autos. Zudem verbraucht es im Schnitt 16% weniger Sprit, weil Carsharing-Firmen moderne Fahrzeugflotten haben.

➡ www.carsharing.de oder www.teilauto-tuebingen.de

14 Klimafreundlich mit der Bahn unterwegs (👍👍 / ➊➊)

Kilometerlange Staus, verstopfte Straßen! Grenzenlose Mobilität? So sieht es auf unseren Straßen immer öfters aus. Entspannung und Erholung findet man so gewiss nicht. Vor allem nicht, wenn Sie konzentriert hinterm Lenkrad sitzen müssen und quengelige Kinder im Fond haben.

Hinzu kommt, dass der Straßenverkehr für jede vierte Tonne Kohlendioxid hierzulande verantwortlich ist. 90% der Fahrzeugkilometer entfallen dabei auf die Pkws. Denn pro 100 Kilometer pustet ein durchschnittlicher Pkw auf unseren Straßen etwa 18 kg CO_2 in die Luft.

Doch auch über unseren Köpfen geht es heiß her, dort ist der Flugverkehr zu einer ernsten Gefahr für unser Klima geworden. So entspricht ein Fernflug nach Thailand mit einem CO_2-Ausstoß von fast 6 Tonnen schon rund drei Viertel des jährlichen CO_2-Rucksackes eines Durchschnittsbundesbürgers. Fliegen auf Kurzstrecke ist »in« – ungeachtet der schlechten Klimabilanz einer Städtetour übers Wochenende. Pro Person belastet zum Beispiel ein Hin- und Rückflug von Stuttgart nach Berlin das Klima mit etwa 300 kg CO_2. Die gleiche Reise im ICE verursacht nur etwa 62 kg CO_2.

Wie wäre es, wenn Ihr Auto oder der Flieger auch einmal blaumachen und Sie für den Klimaschutz der Bahn die Vorfahrt geben? Denn die Bahn schneidet in der Klimabilanz viel besser ab als unser ›heiligs Blechle‹. Die Bahn im Fernverkehr bringt es nämlich auf klimafreundliche 5,6 kg CO_2 pro 100 Kilometer. Und irgendwann muss man sich auch nicht mehr über Hartmut Mehdorn ärgern.

➡ www.bahn.de

15 Spritsparendes Autofahren (👍👍 / ❶❶)

Sparen Sie mit dem bewussten und gefühlvollen Einsatz Ihres Autos bis zu einem Viertel des Kraftstoffs ein. Ohne auch nur einen Kilometer weniger oder eine Minute länger zu fahren!

Die wichtigste Regel lautet: niedertourig fahren, auch bergauf. Im Stadtverkehr Tempo 30 im dritten Gang, 40 im vierten und 50 im fünften (ist das Tempo schon im dritten genügend hoch, direkt in den fünften schalten). Bei langen Rotphasen an der Ampel Motor aus! Vermeiden Sie auf der Autobahn die kurzfristigen Beschleunigungen auf mehr als 120 km/h. Fahren Sie vorausschauend: Fuß vom Gas statt bremsen und beschleunigen.

Vor dem Anhalten das Auto mit eingelegtem hohen Gang ausrollen lassen, der Motor wird so durch den Fahrzeugschwung am Laufen gehalten und verbraucht null Liter. Im Leerlauf sind es dagegen ungefähr ein halber bis ein ganzer Liter pro Stunde. Bevor Sie losfahren, sollten Sie alle Vorbereitungen wie anschnallen und Spiegel einstellen abschließen, dann den Motor starten. Und natürlich niemals den Motor beim Scheibenkratzen warm laufen lassen.

Verbrauchsenkend wirkt sich auch aus, wenn Sie Leichtlaufreifen und Leichtlauföl nutzen. Verbrauchsteigernd wirken sich dagegen Extras wie elektrische Fensterheber und Klimaanlage sowie überflüssiges Gepäck oder Dachaufbauten und niedriger Reifendruck aus. Wenn Ihnen all das komisch vorkommt, belegen Sie einen Spritsparkurs bei einer Fahrschule. Die Kosten bekommen Sie an der Tankstelle schnell erstattet.

➡ www.vcd.org/spritsparen.html

16 Richtig heizen und lüften (👍👍 / ❶❶❶)

Jedes Grad mehr Raumtemperatur erhöht den Energieverbrauch um etwa 6%. Drehen Sie deshalb die Thermostate etwas runter. Für Klimaschutz und Haushaltskasse sollten Sie Wohnräume möglichst auf maximal 18 bis 20 °C und Schlafzimmer auf 16 °C heizen. In der Küche reichen meist 17 °C. Halten Sie dabei die Türen zwischen unterschiedlich warmen Räumen geschlossen. Wenn Sie außer Haus sind oder im warmen Bett liegen, senken Sie die Temperatur um 4 °C ab.

Entscheidend ist jedoch Ihr persönliches Behaglichkeitsempfinden. Da dieses auch von der relativen Luftfeuchte abhängt, sollten Sie mithilfe eines Hygrometers auf eine Luftfeuchtigkeit zwischen 35 und 60% achten. Weder zu trockene noch zu feuchte Luft ist angenehm und gesund. Für ungenutzte Räume reichen 12 °C oder gar die Frostschutzeinstellung.

Beachten Sie: Weder Thermostatventile noch Heizkörper dürfen mit Verkleidungen, Vorhängen, Möbeln oder Ähnlichem verdeckt sein. Ansonsten entsteht ein Wärmestau und die Heizkosten steigen. Übertreiben Sie das Sparen nicht, sonst riskieren Sie Schimmel. Lüften Sie richtig, mehrmals täglich stoßweise und auf Durchzug: Erst Ventile zu und dann kurze Zeit später Fenster weit öffnen, um die Restwärme der Heizkörper zu nutzen. In wenigen Minuten ist die Raumluft ausgetauscht, ohne dass die Wände viel Wärme verlieren. Wer dagegen mit einem gekippten Fenster ›dauerlüftet‹, heizt zum Fenster hinaus.

➡ www.verbraucherzentrale-energieberatung.de ➡Broschüren

17 Kleinere Wärmedämm-Maßnahmen (👍👍 / ❶❶)

In älteren Gebäuden privater Haushalte werden fast 80% des Energieverbrauchs für Raumwärme verbraucht. Mit Wärmedämmung und moderner Technik ließen sich rund zwei Drittel sparen. Dabei sind die meisten Maßnahmen schon heute wirtschaftlich. Doch auch wenn eine Vollsanierung nicht drin ist, sollten Sie im Altbau umgehend an die energetische Optimierung gehen. Selbst kleine Maßnahmen bringen einiges, sind oft in Eigenleistung umsetzbar und erwirtschaften die Investitionen meist nach zwei bis drei Heizperioden zurück.

Senken Sie die Wärmeverluste um bis zu 25%, indem Sie Folgendes umsetzen: Verschließen Sie undichte Fensterfugen mit Dichtungs- oder besser eingefrästen Lippenprofilen. Kleiden Sie Heizkörpernischen zur Außenwand mit aluminium-kaschierten Dämmplatten aus. Isolieren Sie Heizungs- und Warmwasserrohre. Dämmen Sie Rollladenkästen. Wenn Sie Einfachglasfenster haben, bekleben Sie diese mit transparenter Isolierfolie oder setzen Sie im Winter Vorsatzflügel ein.

Und vergessen Sie nicht, im Winter nachts Roll- oder Fensterläden und Gardinen zu schließen. Jedoch sollten nicht nur Eigentümer, sondern auch Mieter hier einsteigen. Bei handwerklich geschickten Mietern empfehle ich »Material vom Vermieter, Eigenleistung vom Mieter«. Denn beide Seiten profitieren; der Mieter von mehr Wohnkomfort und weniger Heizkosten und der Vermieter von der Wertsteigerung.

➡ www.enbausa.de

Selbst in unseren Breiten gelangt circa 80-mal mehr Energie von der Sonne zu uns, als wir verbrauchen. Nutzen Sie doch auch die Kraft der Sonne, die sie uns kostenlos zur Verfügung stellt.

Eine passive Nutzung der Sonnenenergie gelingt, wenn Sie beim Neubau oder bei weitgehenden Sanierungen Einfluss nehmen (können), dass Fenster und Fassaden auf der

Südseite Ihres Gebäudes die Sonnenenergie einsammeln und sie in den Innenräumen nutzbar machen. Planen Sie auch gleich die aktive Solarnutzung beim Neubau ein oder rüsten Sie im Bestand nach. Mehr als eine Million thermischer Solarsysteme sind schon auf deutschen Dächern installiert. Die Kollektoren müssen dabei keine hundertprozentige Süd-Ausrichtung haben. Südost- oder Südwest-Ausrichtungen verringern den Nutzen nur unwesentlich.

Solaranlagen können Trinkwasser erwärmen, Räume heizen oder Prozesswärme bereitstellen. Solaranlagen gibt es als reine Warmwasseranlagen oder als Kombianlagen, die auch die Raumheizung unterstützen. Je nach Auslegung, Einstellungen und Nutzerverhalten können Solaranlagen dabei im Jahresmittel 50 bis 80 % des Energieverbrauchs für die Warmwasserbereitung und bei einem Niedrigenergiehaus etwa 30 % des Verbrauchs für die Raumheizung einsparen. Der Bund fördert übrigens Solaranlagen finanziell. Und wenn noch Platz auf dem Dach ist, dann produzieren Sie doch auch noch Sonnenstrom.

➡ www.sfv.de

19 Moderne Heizanlage (👍👍 / ❶❶❶)

Strom ist zum Verheizen viel zu schade! Doch schätzungsweise 35 Milliarden Kilowattstunden Strom werden in privaten Haushalten, im Gewerbe und bei Dienstleistungsbetrieben für Nachtspeicherheizungen, Radiatoren, Konvektoren, Heizlüfter und Strahler verbraucht. Die dadurch verursachten CO_2-Emissionen sind wegen hoher Energieverluste in den Kraftwerken circa 13-mal höher als bei einer Pelletsheizung.

Moderne Heizsysteme verbrauchen bis zu 40 % weniger Endenergie als ältere. Beim Austausch sollten Sie entweder auf eine klimafreundliche Holzheizung oder auf eine moderne Brennwerttechnik setzen, immer in Kombination mit Solarthermie. Ich rate zur solaren Unterstützung für Warmwasser und Raumwärme. Ihre neue Heizanlage sollte effizient und schadstoffarm sein. Beim Kauf einer Holzheizung bietet der »Blaue Engel« eine gute Orientierungsmöglichkeit.

Zu einer modernen Heizungsanlage gehören auch gute Thermostatventile. Sie regeln die Aufwärmphase für jeden Heizkörper individuell. Programmierbare Thermostate leisten noch mehr. Sie regeln die Raumtemperatur der Uhrzeit nach. So ist das Bad morgens angenehm warm, kühlt aber, wenn es nicht gebraucht wird, auf sparsame 16 Grad herunter. Die Thermostate regeln das automatisch und können sogar erkennen, wenn das Fenster zum Lüften geöffnet wird. Lassen Sie sich beraten, denn teilweise gibt es regionale, Landes- und/oder Bundesförderprogramme für die Modernisierung.

Prüfen Sie, ob auch in Ihrem Keller ein dezentrales Kraftwerk betrieben werden kann. In herkömmlichen Kraftwerken werden nur 30 bis 40 % der eingesetzten Primärenergie in Strom umgewandelt, 60 bis 70 % bleiben völlig ungenutzt. Bei der Stromerzeugung in Kraft-Wärme-Kopplungs-Anlagen werden 30 bis 35 % der Energie direkt in Strom und 50 bis 60 % in Wärme umgewandelt, sodass insgesamt rund 90 % der Energie ausgenutzt werden kann.

Ein Blockheizkraftwerk lässt sich in fast jedem Keller als Kleinkraftwerk installieren, mit dem zusätzlich zur Wärme für Heizung und Warmwasser auch noch Strom (für das öffentliche Netz oder den Eigenverbrauch) erzeugt wird. (Mini-)Blockheizkraftwerke können vielseitig in Mehrfamilienhäusern, Hotels, Metzgereien, Krankenhäusern, Gewerbebetrieben etc. eingesetzt werden. Für Ein-, Zwei- oder kleine Mehrfamilienhäuser gibt es Blockheizkraftwerke, die meist nicht größer sind als eine Waschmaschine.

Ganz besonders wichtig ist eine fachmännisch an das Verbrauchsverhalten angepasste Dimensionierung der Anlage. Blockheizkraftwerke werden gegenwärtig bevorzugt mit Erdgas betrieben, weil diese Antriebsform schon viele Jahre etabliert ist. Der Einsatz von erneuerbaren Energien gewinnt bei den Blockheizkraftwerken zunehmend an Bedeutung.

➡ www.bkwk.de

21 Sauber in die Heizsaison starten (👍👍👍 / ❶❶❶)

Jede Heizungsanlage braucht eine gewissenhafte Wartung, damit sie optimal läuft; für mehr Wohnkomfort und in manchen Fällen bis zu 30 % weniger Energieverbrauch. Machen Sie jährlich einen Check Ihrer Heizungsanlage.

Bei dem sensiblen Teil der Technik lassen Sie am besten einen Fachmann ran. Doch manch anderes können Sie selbst erledigen. Beim Check muss zum Beispiel überprüft werden: Ist die Temperatur für das Warmwasser und die Vorlauftemperatur der Heizung nicht zu hoch eingestellt? Ist die Pumpeneinstellung auf der kleinsten Stufe? Sind die Heizkörper entlüftet? Wenn es in der Heizung gluckert oder die Heizkörper nicht vollständig warm werden, ist Luft in der Anlage. Und das kostet wertvolle Energie. Ist die Temperaturabsenkung für die Nacht korrekt programmiert? Stimmt der Druck im Heizsystem? Müssen die Ventilköpfe ausgetauscht werden, weil sie sich nur noch schwer drehen lassen oder die Heizkörper immer gleichbleibend warm sind?

Ich empfehle programmierbare Thermostate, die für fast alle Heizkörper geeignet sind und etwa 10 % Heizkosten sparen. Nehmen Sie den alten Ventilkopf zum Einkauf mit, denn es gibt zwei verschiedene Befestigungen. Sind die Ventile und die Heizkörper unverdeckt, damit die Regelung funktioniert und die Wärme frei an die Raumluft abgegeben werden kann? Sind die Heizkörper im Innenbereich frei von Staub und anderen Ablagerungen? Saubere Heizkörper schöpfen die Heizleistung besser aus und sparen damit Energie.

22 Sanierungsmaßnahmen lohnen sich (👍👍👍 / ❶❶❶)

Gehen Sie an die Sanierung Ihres Altbaus. Eine Sanierung erhöht den Wohnkomfort, verschafft langfristig mehr finanzielle Freiheit und steigert den Wert des Gebäudes. Sanierungsmaßnahmen machen sich meist schneller bezahlt, als Sie denken, wie die Deutsche Energieagentur errechnet hat.

Als Beispiel dient ein unsaniertes Einfamilienhaus Baujahr 1970 mit 150 m² Wohnfläche, das etwa 4500 Liter Heizöl im Jahr benötigt und von denen je nach Modernisierungsumfang bis zu 65 % eingespart werden könnten.

Die preisgünstigste Variante ist die gute Dämmung von oberster Geschossdecke, Kellerdecke und Rohrleitungen. Sie spart circa 20 % Energie und rechnet sich nach etwa 11 Jahren. Etwas mehr Kosten verursacht die Heizungserneuerung: Der Einbau einer neuen Heizungsanlage mit Brennwerttechnik und Solarwärmeanlage spart etwa 35 % und hat sich nach 10 Jahren amortisiert.

Eine komplette Modernisierung des Gebäudes mit Dämmung der obersten Geschoss- und der Kellerdecke sowie der Rohrleitungen und der Außenwände, zusätzlich der Einbau von Wärmeschutzfenstern und einer neuen Heizungsanlage, reduziert den Energieverbrauch um 65 %. Diese Investition macht sich nach etwa 16 Jahren bezahlt. Der Vorteil ist, Sie haben alles auf einmal geschafft.

➡ www.energiefoerderung.info

23 Klimaschutz im Grauen (👍👍👍 / ❶❶❶)

Neben der direkt verbrauchten Energie wird im Haushalt auch indirekt Energie verbraucht, die sogenannte graue Energie. Sie wird für Dienstleistungen oder die Herstellung, Verpackung, Lagerung und den Transport von Nahrungsmitteln und Konsumgütern verbraucht. Im Schnitt stecken in einem Gefrierschrank 1500 Kilowattstunden (kWh), in einem Kilo Verpackungsmaterial rund 1 kWh, in einem Notebook rund 1000 kWh und in einem T-Shirt etwa 20 kWh graue Energie. Ein durchschnittlicher Bundesbürger hat in seinem CO_2-Rucksack fast 4,5 Tonnen indirekter CO_2-Emissionen für seinen Konsum.

Deshalb sollten Sie bewusst nach dem Motto »gut leben – statt viel haben« konsumieren. Das Verhältnis zwischen direktem und grauem Energieverbrauch ist jedoch sehr variabel. Die Gesamtbilanz aus Herstellung und Nutzung hängt meist stark von der Nutzungshäufigkeit ab. Bei selten genutzten Geräten überwiegt oft der indirekte Energieaufwand, beispielsweise bei Heimwerker- und Gartengeräten. Deshalb empfiehlt es sich, selten benötigte Geräte auszuleihen oder in Hobby-Werkstätten zu arbeiten.

Auch wenn Sie auf Altpapier schreiben und drucken, sparen Sie Energie. 500 DIN-A4-Blätter Recyclingpapier sparen im Vergleich zur Frischfaservariante so viel Energie ein, wie eine 11-W-Energiesparlampe für 17 Tage Dauerbetrieb benötigt. Am klimafreundlichsten ist jedoch immer noch das eingesparte Papier.

➡ www.nachhaltige-produkte.de

24 Klimaschutz auf dem Teller (/)

Was und wie viel Sie essen, hat einen großen Einfluss auf Ihre Klimabilanz. Die Spanne reicht von unter einer Tonne CO_2 bis deutlich über drei Tonnen, die für die Ernährung auf das persönliche Klimagas-Konto gebucht werden. Wenn jeder von uns den Fleischkonsum reduziert und sich ausgewogener ernährt, wäre das gut für unser Klima und für unsere Gesundheit.

220 Dazu meine Einkaufstipps: saisonal – regional – biologisch. Achten Sie beim Kauf von Obst und Gemüse auf die richtige Saison. Wenn Sie nicht mehr wissen, was saisonal für Ihre Region ist, dann fragen Sie am besten bei der älteren Generation nach. Entscheiden Sie sich bevorzugt für regionale Produkte. Diese müssen nur über kurze Strecken transportiert werden. Das beste Angebot finden Sie meistens auf dem Wochenmarkt. Saisonale, regionale Produkte sind durch die Sonne gereift und schmecken frischer und besser. Sie sind nicht durch fossile Energie geheizt oder lange im Kühlhaus gelagert worden.

Auch Bioprodukte sind besser für das Klima, denn der Ökolandbau benötigt nicht einmal halb so viel Energie wie der konventionelle Anbau und bindet durch die nachhaltige Wirtschaftsweise stärker CO_2 im Boden. Gut für die Klimabilanz sind unter anderem der geringe Zukauf weit transportierter Futtermittel und der Verzicht auf energieaufwendig hergestellte Kunstdünger und Pflanzenschutzmittel. Zum saftigen Biosteak aus der Region mit einer reichlichen Gemüsebeilage wünsche ich »Guten Appetit!«.

➡ »CO_2-Rechner« auf www.tuebingen-macht-blau.de

25 Urlaubszeit (👍 / ❶)

Gönnen Sie auch Ihren Elektrogeräten zu Hause eine Erholungspause, wenn Sie sich fernab im Urlaub erholen. Elektrogeräte im Leerlauf verbrauchen über das Jahr eine ganze Menge Strom. Besonders überflüssig ist dies während des Urlaubs. Wenn Sie bisher den Fernseher, die Musikanlage und den Computer nach der Benutzung noch nicht komplett ausgeschaltet haben, sollten Sie spätestens zur Reisezeit den Stecker ziehen. Gleichzeitig sind so die Geräte vor Überspannungsschäden bei Blitzeinschlägen geschützt. Außerdem sollten der Radiowecker, die Mikrowelle, sämtliche Ladegeräte und Geräte mit separatem Netzteil wie Niedervolt-Halogenleuchten nicht eingesteckt bleiben. Zu den Ladegeräten zählt auch die Basisstation tragbarer Telefone.

Am meisten sparen Sie bei Kühl- und Gefriergeräten. Beginnen Sie zwei Wochen vor dem Urlaub die Vorratshaltung anzupassen, dann können zum Reiseantritt auch Kühl- und Gefriergerät abschalten – außer Ihre Vorratshaltung im Gefriergerät ist sehr umfangreich. Wichtig ist dabei, dass die Gerätetüren offen gelassen werden, damit sich kein Schimmel bildet. Die Warmwasserbereitung können Sie während des Urlaubs auch komplett abschalten. Übersehen Sie nicht den Elektroboiler. Für kleine Geräte in Küche oder Toilette lohnt es sich schon über Nacht, den Boiler abzuschalten. Für die Dauer eines Urlaubs ist es auch bei großen Speichern sinnvoll, das Gerät abzustellen.

➡ U-check.pdf auf www.stromeffizienz.de

Dank

Der Erfolg der Tübinger Klimaschutzkampagne hängt von der Zahl derjenigen Menschen ab, die »blaumachen«. Deshalb danke ich zuvörderst allen Tübingerinnen und Tübingern, die begonnen haben, Energie zu sparen und das Klima zu schützen, sowie dem gesamten Gemeinderat und meinen Kollegen Ulla Schreiber und Michael Lucke für die Unterstützung dieses Anliegens.

In der Stadtverwaltung Tübingen ist Klimaschutz eine tägliche Aufgabe. Ich danke allen Mitarbeiterinnen und Mitarbeitern, die daran arbeiten, unsere Einsparziele zu erreichen. Ganz besonders Andreas Haas, Ulrich Narr, Sabine Schmincke, Bernd Schott und Tim von Winning für viele blaue Ideen und Initiativen.

Die städtischen Tochtergesellschaften sind unverzichtbare Partner einer kommunalen Klimaschutzstrategie. Ich danke den Mitarbeiterinnen und Mitarbeitern der Stadtwerke und der GWG Tübingen für ihre Bereitschaft, Klimaschutz als Unternehmensziel zu verfolgen. Ganz besonders den Geschäftsführern Gerhard Breuninger, Wilfried Kannenberg, Achim Kötzle und Ortwin Wiebecke.

Klimaschutz muss auf allen politischen Ebenen ernsthaft vorangetrieben werden. Ich danke vielen Parteifreunden für drei Jahrzehnte Kärrnerarbeit im Sinne eines ökologischen Gesellschaftswandels. Ganz besonders Joschka Fischer für das Vorwort sowie Franziska Brantner, Reinhard Bütikofer, Anja Hajduk, Winne Hermann, Winfried

Kretschmann, Reinhard Loske, Claudia Patzwahl und Franz Untersteller für viele anregende Gespräche und Hinweise zu diesem Buch.

Ich danke Sabine Gärtner für die Idee, ein Buch über Klimaschutz in der Stadt zu schreiben, und Martin Breitfeld für das Vertrauen in die pünktliche Fertigstellung des Manuskripts.

Und schließlich danke ich meiner Mutter Erika und all den lieben Menschen, die mir die Freundschaft erhielten, obwohl ich sie mit Hinweisen zu ökologischen Folgewirkungen ihres Tuns nie in Ruhe gelassen habe.